ODILO LECHNER

Zeichen auf dem Weg

ODILO LECHNER

Zeichen auf
dem Weg
Stationen meines Lebens

FREIBURG · BASEL · WIEN

ZEICHEN AM WEGRAND

Die Zeichen am Wegrand sind von Gott»,
schreibt *Coelho* in «Der Alchimist». Der Mensch
denke nicht daran, dass sie eine Sprache sein könnten, «die Gott gebrauchte, um ihm zu zeigen, was er
tun sollte». Wir sollten begreifen, «dass unsere Geschichte und die Geschichte der Erde von derselben
Hand geschrieben wurden».

Ja, wir übersehen oft die Zeichen auf dem Weg
– und doch ist es gut, im Rückblick auf ein Leben
solchen Zeichen ein wenig nachzuspüren. Oft sind
manche Bilder, Erlebnisse oder an mich gerichtete
Worte mir ja erst später in ihrer Bedeutung bewusst
geworden. Vielleicht können die kleinen Zeichen,
derer ich mich erinnere, auch andere anregen, solche
Zeichen in ihrem Leben zu entdecken und einen Zu-
sammenhang in ihrem Leben zu erahnen. Trotz aller
Dunkelheiten und aller Fehlwege darf ich dankbar
sehen, wie vieles in meinem Leben doch immer wieder gut ausgegangen ist, dass mir als einem »Sonn-
tagskind» ein glückliches Leben zugesagt ist. *Hans
Bender,* der Dichter und Begründer der bekannten
Literaturzeitschrift «Akzente», hat 2009 im hohen
Alter noch seine «Vierzeiler» veröffentlicht. Einer ist
überschrieben «Wie im Märchen»:

Ein durchschnittliches Leben.
Und doch beweist der Blick zurück,
war ich da und dort manchmal
wie im Märchen ein Hans im Glück.

Solchen Zeichen, solchen Botschaften nachzugehen ist der Sinn unseres Erinnerns und Erzählens, ja aller Dichtung. *Reiner Kunze* hat als Motto seinen Nachdichtungen «Wo wir zu Hause das Salz haben» (2003) ein Zitat des tschechischen Schriftstellers *Jan Zahradníček* vorangestellt: «Wie Bileams Eselin, die man schlägt und stößt, um sie vom Weg abzubringen, beharrt die Dichtung auf dem ihrigen: denn sie sieht einen Engel vor sich».

Zeichen auf dem Weg können uns helfen, trotz aller Widrigkeiten uns nicht von unserem Weg abbringen zu lassen und Ja zu sagen zu unserem Leben.

ZEITTAFEL

1931 Hans Helmut Maria Lechner in München geboren

1937 bis 1941 Gebele-Volksschule in Bogenhausen

1939 Erste heilige Kommunion in München Hl. Blut

1941 bis 1946 Wilhelmsgymnasium in München (1944/45 kein Schulbetrieb in München)

1942 Firmung durch Kardinal Faulhaber im Dom

1946 bis 1949 Benediktinergymnasium in Metten

1949 bis 1951 Studium an der Ludwig-Maximilians-Universität in München

1951 bis 1952 Studium in Innsbruck

1952 Eintritt in die Abtei St. Bonifaz

7. November 1953 Erste Profess; Ordensname Odilo

1953 bis 1955 Weiterstudium in München

1955 bis 1957 und 1961 bis 1962 Studium in Würzburg, Promotion in Philosophie

4. November 1956 Weihe zum Diakon durch Bischof Julius Döpfner in Würzburg

23. Dezember 1956 Priesterweihe durch Kardinal Wendel in St. Bonifaz

1958 bis 1961 Kaplan in St. Bonifaz

1962 bis 1964 Philosophisches Institut Salzburg, Spiritual im Kolleg St. Benedikt, Salzburg

8. September 1964 Abtbenediktion durch Kardinal Döpfner

1972 bis 1978 und 1985 bis 1993 Präses der Bayerischen Benediktinerkongregation

1972 bis 1982 Vorsitzender der Salzburger Äbtekonferenz

2003 Emeritierung

DAS WASSER

Dem verwöhnten Einzelkind würde der Kindergarten gut tun, war die Meinung meiner Eltern. Wie Recht sie hatten, zeigte sich gleich am ersten Tag. Nach dem Spielen sollten wir uns die Hände waschen und jedes Kind hatte seine eigene Seife. Die ungewohnte Umgebung und das Fernsein der Mutter ließen mich unbedacht nach meiner Seife greifen und sie in die Handfläche hineinreiben. Aber die Seife gab nichts ab. Ich fragte ein anderes Kind und dieses lief zur Kindergärtnerin und meldete: Vom Helmut seiner Seife geht nichts runter. Die Kindergärtnerin untersuchte diese widerspenstige Seife und merkte, dass ich sie nicht nass gemacht hatte.

Ja, man kann sich nicht waschen ohne nass zu werden. Oft bleiben wir Menschen bei Trockenübungen und setzen uns nicht der vollen Wirklichkeit des Wassers aus. Ohne das belebende Element des Wassers kann sich die Schöpfung nicht entwickeln und kann sich der Mensch nicht erneuern, denn Gott ist die Quelle des Lebens. Darum werden wir eins mit Christus durch das Wasser der Taufe. Darum betet die Pfingstsequenz des Stephan Langton: *Wasche, was beflecket ist, belebe, was da dürre ist, beuge, was erstarret ist.*

Freilich hat das Wasser auch etwas Bedrohliches und die Fluten können uns verschlingen. *Hilde Domin* spricht in ihrem Gedicht «Bitte» von den Wassern der Sintflut: «Wir werden durchnäßt bis auf die Herzhaut». Aber wir können dem Geschick nicht entfliehen: «der Wunsch, verschont zu bleiben, taugt nicht». Die taugliche Bitte ist vielmehr «... daß wir aus der Flut ... immer versehrter und immer heiler stets von neuem zu uns selbst entlassen werden».

Das Wasser der Taufe erinnert ja an das Untertauchen Jesu in den Jordan, an sein Sterben – und an seine Auferstehung. Die Mönchsprofess will das Taufversprechen aufnehmen, erneuern, in eine konkrete Lebensform überführen. An all das kann das Weihwasser in der Kirche, kann der Regen, kann das Duschen und das Schwimmen im See mich erinnern – und das Wasser als etwas Kostbares schätzen lehren.

DER KREIS

Ein unvergessenes Erlebnis im Kindergarten: Jeder sollte auf einem weißen Blatt Papier etwas nach Gutdünken zeichnen. Ich fing an, das weiße Blatt mit einem großen Kreis zu füllen und ihn langsam nach innen zu wenden. Das Mädchen, das neben mir saß, schaute bewundernd herüber: Was wird das Großes und Schönes? Ich schaute auf ihr Blatt und fand nur ein kleines Bäumchen am Rand und wandte mich befriedigt wieder meinem großen Entwurf zu. Meine Hand zog weitere Kreise in der Hoffnung, meine Hand würde noch eine schöne Mitte gestalten. Aber unerbittlich zog es meine Hand weiter zu immer kleineren Kreisen, die schließlich in einem Punkt endeten. Meine Nachbarin, deren Blatt sich allmählich doch noch mit einigen Sträuchern und Bäumen und Tieren gefüllt hatte, sagte nun zu mir herüber: Ach, jetzt gefällt mir dein Bild nicht mehr. Es sind ja nur Kreise.

Insgeheim gab ich ihr Recht. Die vielen kleinen Dinge, die sie gezeichnet hatte, waren lebendiger und lieblicher als die Kreisspirale auf meinem Blatt.

So ist es mir oft im Leben gegangen: Statt mich mit Einzelheiten, mit Kleinigkeiten zu beschäftigen, träumte ich von dem großen Wurf, der mir im Leben gelingen sollte. So habe ich später denn auch lieber großen philosophischen Ideen nachgehangen, als mich etwa mit einzelnen Daten der Geschichte herumzuschlagen. Und oft musste ich erfahren, dass alle maßlosen Erwartungen zusammenschmolzen auf einen kleinen Punkt. Die große Idee eines großartigen Lebens kann nur Wirklichkeit werden in ganz kleinen Schritten, in alltäglichen Tätigkeiten, in der liebevollen Sorge um das Detail. In der Regel des heiligen *Benedikt*, in der Suche nach dem unendlichen Gott, geht es um eine gute Ordnung des Endlichen, um das rechte Maß. Die große Änderung, die Hinwendung zum Ewigen geschieht im rechten Gebrauch von Zeit und Ort, in der rechten Gestaltung des kleinen Teiles der Welt, der mir anvertraut ist, in der rechten Ordnung von Arbeit und Gebet, von meditativer Muße und treuem Dienst, von Essen und Trinken, von Schlafen und Wachen.

Freilich ist mir das Bild dieser Kreisbewegung auf die Mitte hin mehr und mehr auch als positive Aufgabe erschienen: Aus dem Umherschweifen in die Weite werden wir immer mehr zur Mitte geführt. Die Kreise unserer Unternehmungen werden immer kleiner, und wir schrecken nicht davor zurück, sondern können es bejahen. Es ist der Weg Benedikts, der Weg der Demut, wie ihn das längste, das siebte Kapitel seiner Regel schildert. Kleiner werden, sich erniedrigen bedeutet Erhöhung. Alles wird reduziert auf den einen Punkt der Mitte, in dem alles zusammengefasst ist, in den alle Wege münden. Ja es wäre schön, wenn alle meine Wege mich immer mehr zur Mitte führen würden, wo ich ganz bei mir selbst bin, wo ich – ganz klein geworden – der Fülle Gottes innewerde.

EIN BRIEF AUS DER VERGANGENHEIT

1967 erhielt ich aus dem Nachlass meines eben verstorbenen Vaters ein Schreiben mit letzten Weisungen. Dabei lag ein Brief, der schon vor 36 Jahren verfasst war. Er hatte ihn kurz nach meiner Geburt geschrieben, vorsorglich, weil er, schon im 48. Lebensjahr stehend, mit der Möglichkeit eines baldigen Todes rechnete und mir einige Worte für mein Leben mitgeben wollte, wenn er mich «nicht mehr erziehen und beschützen» könne, «bis ich groß geworden bin». Unter anderem steht in diesem Brief: «Bist Du gesund und erfreust Du Dich guter Geistesgaben, so danke Gott dafür und nütze die verliehenen Gaben recht aus. Solltest Du mit irgendeinem Fehler behaftet sein, so fühle Dich ja nicht zurückgesetzt gegenüber anderen, sondern trage jedes Leid als Fügung und Gnade Gottes geduldig und bedenke, dass nur der Mensch wahrhaft glücklich und mit seinem Schicksal zufrieden ist, der die ihm übertragenen Aufgaben – mögen sie auch noch so gering erscheinen – nach seinen besten Kräften erfüllt.» Der Brief mahnt mich zum Vertrauen auf Gott und die Mutter Gottes, zur Meidung jeder schlechten Gesellschaft und Versuchung und zur Freude an Gottes schöner Natur. So heißt es am Schluss: «Beherzige meine Ratschläge, bleibe stets ein guter Katholik, in der Religion wirst Du immer Trost finden.» Dieser Brief forderte mich zu einem großen Vertrauen zu meiner Mutter auf. Als ich ihn erhielt, war sie freilich schon lange gestorben (1956, also noch vor meiner Priesterweihe), während der Vater auch noch die Abtweihe 1964 erlebte und 1967 im selben Jahr wie der klösterliche Vater, Abt *Hugo Lang*, verstarb. Der Vater war von sehr ernsthaftem Verantwortungsgefühl und von einer tiefen Frömmigkeit erfüllt. So las er täglich ein Kapitel aus der «Nachfolge Christi» von *Thomas von Kempen* und erfuhr dabei Tröstung und Beruhigung bei allen Sorgen, die ihn bedrängten.

Einen gewissen Ausgleich in der Erziehung bildete meine Mutter, die das Leben leichter nahm, gerne Klavier spielte und malte und beim Kinderfasching uns gut zu unterhalten wusste. Auch sie war fromm, aber in keiner Weise ängstlich. Sie nahm mir auch alle Angst vor dem Beichten. Sie erzählte, sie habe als Mädchen einmal auch gebeichtet, dass sie französische Romane, die auf dem Index standen, gelesen habe. Der Beichtvater habe sie gefragt, ob sie versprechen wolle, solches nicht mehr zu tun. Da sie auf Bücher der Weltliteratur auch in Zukunft nicht verzichten wollte, verneinte sie die Frage und wurde nicht absolviert. Sie ging am folgenden Samstag wieder zur Kirche, aber in einen anderen Beichtstuhl und schilderte, wie sie auf interessante Literatur nicht verzichten wolle. Dieser Beichtvater lobte ihre Ehrlichkeit und gab ihr die Absolution. Diese mütterliche Erzählung wie auch der verständnisvolle Unterricht meiner Religionslehrer haben mich vor sonst durchaus üblichen Ängsten im kirchlichen Umfeld bewahrt und die Freiheit des Christenmenschen schätzen gelehrt. Das war gerade nach den Erfahrungen einer Diktatur sehr wichtig und wurde dem 16-Jährigen durch das mir von einer Tante geschenkte Buch von *August Adam* «Die Tugend der Freiheit» vertieft.

DAS WICHTIGSTE
EREIGNIS

Unvergessen blieb mir eine Schulstunde am Münchner Wilhelmsgymnasium im September 1943. Wir waren in die 3. (heute 7.) Klasse aufgerückt und hatten einen neuen Lehrer im Fach Geschichte. Damals herrschte eine politisch angespannte Atmosphäre an unserer Schule: Es gab Nazirektor und Nazilehrer, es gab sich offen zum christlichen Glauben und zur Gegnerschaft gegen die NS-Ideologie bekennende Lehrkräfte und natürlich manche sich bedeckt Haltende. Die Geschichtsstunde begann mit einer Frage des Lehrers: «Was, Buben, meint ihr, ist das wichtigste Ereignis der Weltgeschichte?» Als Schüler denkt man ja: Was will der Lehrer hören? Und so kam bald die Antwort: die Völkerwanderung. Mit ihr begann ja der Jahresstoff, die Geschichte des Mittelalters. Der Lehrer lächelte und verneinte. Einer tippte auf den Abschluss des Mittelalters, die Reformation. Nach manch anderen Ereignissen wurden zeitgemäß genannt: der jetzige Weltkrieg oder auch die nationalsozialistische Machtergreifung 1933. Bei all diesen Antworten kam die lächelnde Antwort: nicht das wichtigste Ereignis. Schließlich wussten wir nichts mehr zu sagen und in die Stille unserer Ratlosigkeit kam die ruhige Antwort: «Das wichtigste Ereignis der Weltgeschichte ist natürlich das, wonach wir unsere Jahre zählen.» Wir begriffen rasch, was der Lehrer meinte. Die Christen unter uns waren einerseits etwas beschämt, dass nicht nur keiner von uns dies sich zu sagen traute, sondern überhaupt daran gedacht hatte. Zugleich aber stimmte es uns froh, dass der neue Lehrer ein so klares Bekenntnis zu seinem Glauben abgelegt hatte.

Mir ging damals anfanghaft und später immer klarer auf, was der Glaube für die Deutung der Geschichte bedeutet. In dem Wirrwarr der vielen geschichtlichen Ereignisse, Kulturen, Siege und Niederlagen und furchtbaren Katastrophen lassen sich keine übereinstimmenden Aussagen treffen, was nun ein wichtiges Ereignis ist. Der Glaube aber vermittelt einen Anfang, ein Segenswort des Ursprungs, dem alle Evolution entspringt, und er blickt auf ein Ziel, auf eine Vollendung, in der alles, auch das scheinbar Vergebliche, ganz und gar dem Vergessen Überantwortete aufgehoben ist. Und die Fülle des Ewigen, der Anfang und Ende setzt, ist in diese Geschichte eingetreten. Der Menschgewordene befreit uns aus der Verlorenheit, aus den vielen Widersprüchen, gibt die Gewissheit, dass wir in der Geschichte uns sinnvoll einsetzen können. Als Bub schien mir der Katechismus selbst eine klare Zusammenfassung der ganzen Geschichte zu geben, von der Frage, wozu wir auf Erden sind, bis zur Verheißung der Letzten Dinge. Später meinte ich, ein Studium der Theologie könnte noch mehr zur Klärung aller Fragen der Geschichte des Einzelnen und der ganzen Menschheit beitragen. Freilich merkte ich bald beim Studium der einzelnen Fächer der Theologie, dass alle Antworten, die sie gaben, in mir neue Fragen auslösten und das Leben Ungewissheit und Wagnis bleibt. Und doch empfinde ich im schlichten Glaubensbekenntnis immer wieder durch alle Fragwürdigkeiten des Lebens und der Geschichte hindurch die Ahnung und Zusage einer Ganzheit – vom Schöpfungsanfang zum geschichtlichen Heil in Jesus Christus bis zur Vollendung des ewigen Lebens. Im großen Glaubensbekenntnis darf ich mich in dieses Geheimnis des ewigen Vaters und seines Mensch gewordenen Sohnes und des Wirkens des Heiligen Geistes hineingeben. An das *credo* schließt sich die *confessio* an, das Bekenntnis zu dem, was sich an mir in der Taufe, in der Vergebung, im geschenkten neuen Anfang ereignet. Dieser Glaube, dieses Bekenntnis führt hinein in die *expectatio,* in die Erwartung des endgültigen Heiles. Je älter ich werde, erfüllen mich solche schlichten Zusammenfassungen des Glaubens wie im Credo, wie in manchen Hymnen oder auch im Rosenkranz mit Freude und Frieden.

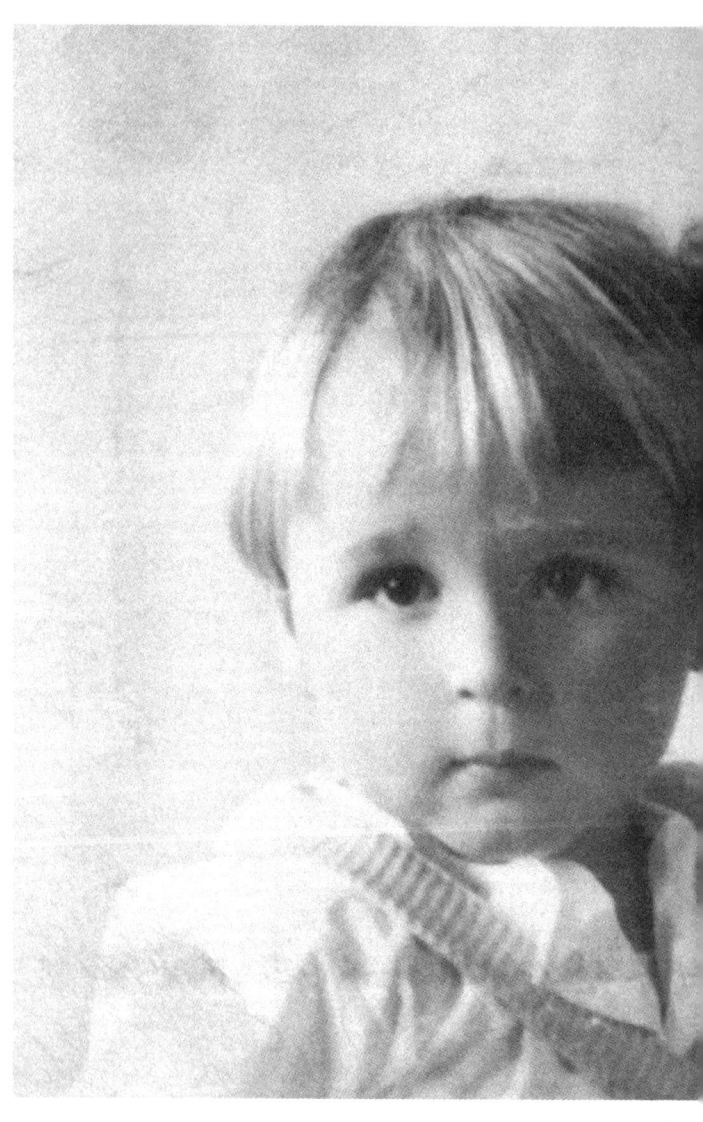

Geboren als Hans Helmut Lechner, hier mit seiner Mutter 1933

1942 mit den Eltern im Wochenendhaus in Weßling

Auf dem Wilhelmsgymnasium in München, 1942

Auf dem Benediktinergymnasium in Metten, 1947

Abt Odilo mit dem kleinen Leonhard Lampart auf dem Arm, 1999

FLIEHEN

Das Wochenendhäuschen, das mein Vater zu Anfang der NS-Zeit vorausschauend erworben hatte und das im Krieg unser Zufluchtsort wurde, lag am Ende des Ortes (Weßling-Oberpfaffenhofen) auf einem Wiesenhang unseres Gartens, der mit den Bäumen eines Waldes endete. Da konnte ich Fußball spielen – den Ball hinaufschießen und wieder auf mich zurollen lassen. Auf einer Nachbarwiese kickten einige etwas ältere Buben, hatten mich wohl als Solospieler bemerkt und, wie ich aus der Ferne hörte, beschlossen, mich dazuzuholen. Da packte mich die Angst vor diesen «Fremden». Ich lief ins Haus und sagte, ich wolle jetzt in den Wald gehen und Moos sammeln. Als die Buben zu unserem Haus kamen, erfuhren sie von meinen Eltern, ich sei in den Wald gegangen. Sie fanden mich, und ich konnte mich ihnen nicht mehr verweigern. So ging ich mit und fand dann doch bald Gefallen an dem gemeinsamen Spiel. Bald freute ich mich darauf, wieder mitzuspielen.

Vielleicht sitzt in uns allen eine Angst vor dem Fremden und Ungewohnten, und oft wollen wir die Flucht ergreifen und davonlaufen. So ist es etwa dem Jona gegangen, als der Anruf des Herrn an ihn erging, seine Botschaft der großen Stadt Ninive auszurichten. Da wollte er bekanntlich nach Tarschisch fliehen, «weit weg vom Herrn» (Jona 1,3). Oft wollen auch wir uns einer Herausforderung in unserem Leben entziehen. Oft möchten wir auch, wenn der Weg zu beschwerlich wird, wieder die Flucht ergreifen. Im Vorwort zu seiner Regel schreibt *Benedikt,* wir sollten uns, wenn es auf unserem Weg etwas strenger zugeht, nicht «sofort von Angst verwirren lassen und vom Weg des Heils fliehen». Darum ist das Ausharren in Beständigkeit, in Stabilität für *Benedikt* eine Grundhaltung seiner Mönche. Andere Arten von Mönchen wie die der Sarabaiten und der Gyrovagen (Wandermönche) sind ihm sehr zuwider. Er kennzeichnet sie als *semper vagi et numquam stabiles* – immer umherschweifend und niemals beständig. Ich erinnere mich durchaus, dass mich 1952 vor dem Klostereintritt große Angst befiel, bis ich die Entscheidung getroffen hatte. Und natürlich kamen mir auch später manchmal Bedenken, ob ich auf dem richtigen Weg, am richtigen Ort, in der richtigen Gemeinschaft sei, ob nicht andere Wege doch die besseren seien. Aber immer wieder erinnerte ich mich dann an den Rat eines alten Mönches eines anderen Klosters, der mir sagte: «Sicher wird Ihnen manchmal das Leben im Kloster unerträglich vorkommen, manches als unzumutbar erscheinen. Aber packen Sie nicht gleich Ihre Koffer, sondern sagen

Sie sich: Ja, ich will weggehen, aber erst in vierzehn Tagen.» Dieser Rat hat mir viel geholfen, denn nach vierzehn Tagen sah die Welt des Klosters doch wieder ganz anders aus. Das Durchhalten hat sich als segensreich erwiesen. So konnte ich nun durch bald sechs Jahrzehnte den benediktinischen Weg gehen und will versuchen, mich der Weisung des Herrn nicht zu entziehen «und in seiner Lehre im Kloster auszuharren bis zum Tode» (Schluss des Prologs zur Benediktsregel).

WILLST ETWA
GAR PFARRER WERDEN?

Wenn ich auf mein Leben zurückblicke, sehe ich kein einmaliges und eindeutiges Berufungserlebnis, aber viele Momente, die in mir den Entschluss, Priester zu werden, reifen ließen. Da ist erstens in der Kindheit eine mir liebe Tante, die mir immer wieder fromme Geschenke zukommen ließ, unter anderem ein Altärchen, Messgerät und Messgewänder. Priester zu spielen hatte durchaus etwas Faszinierendes. Was ich am Sonntag weit vorne am Altar sah, rückte in meinen eigenen Lebensbereich: ein heiliges, schönes Spiel.

In Erinnerung ist mir vor allem ein Erlebnis als Fahrschüler, mitten im Krieg, im Jahr 1943. Da setzte sich zu uns Schülern ein älterer Mann, wohl ein Landwirt. Er fragte uns, ob wir wohl auf die höhere Schule gingen. Als wir bejahten, fragte er weiter: «Geht ihr etwa aufs Gymnasium» (die damalige Bezeichnung für das humanistische Gymnasium)? Die anderen gingen auf die Oberschule, nur ich sagte Ja. Da wandte er sich mir zu: «Gell, das ist da, wo man Latein lernt». Als ich voll Stolz bejahte, fragte er mich leise: «Willst etwa gar Pfarrer werden?» Als ich verneinte, sagte er noch immer freundlich, aber doch auch sichtlich enttäuscht: «Dös denn doch nicht.» In dieser Zeit, wo man auf die Pfaffen reichlich zu schimpfen pflegte, ein für mich überraschender Ausdruck der Sehnsucht des Volkes nach Priestern. Auch wenn ich damals keineswegs beschloss, Priester zu werden, ist mir dieser Mann doch sehr stark in Erinnerung geblieben als Zeichen dafür, dass das Volk Priester braucht, nach ihnen verlangt.

Das Kriegsende 1945 offenbarte den Zusammenbruch des Dritten Reiches, Not und Angst, die Vergänglichkeit irdischer Ideale und das Bleibende der christlichen Botschaft. Aus den chaotischen Verhältnissen an den Münchner Schulen durfte ich, zu meiner Überraschung mit zwei anderen Münchner Klassenkameraden, im Mai 1946 ans Benediktinergymnasium nach Metten entfliehen, in eine trotz aller spürbaren Not doch recht geordnete und heile Welt. Kirche wurde da erfahrbar als eine Botschaft des Bleibenden inmitten aller Vergänglichkeit.

Nach dem Abitur habe ich noch zwei Jahre frei für mich in München Philosophie, etwas Theologie und manch anderes Fach studiert. Als mir der Priesterberuf immer erstrebenswerter erschien, ging ich 1951 für ein Jahr nach Innsbruck und in das von Jesuiten geleitete Seminar Canisianum. Viele Anregungen empfing ich durch die internationale Zusammensetzung des Seminars. Neben der süddeutschen gab es damals auch eine norddeutsche, eine österreichische und eine schweizerische Landsmannschaft. Die Amerikaner, weil zum großen Teil aus einer Benediktinerschule hervorgegangen, stellten die Choralschola. Die Japaner zeigten asiatische Freundlichkeit und Disziplin. Die Ungarn verkörperten die Welt des Ostens unter kommunistischer Herrschaft. Viel verdanke ich auch einem Predigtkreis, zu dem sich eine Gruppe nord- und süddeutscher Konviktoren wöchentlich traf, um eine lebendige Verkündigung einzuüben. In Erinnerung ist mir besonders, wie einer seine Predigt über Pauli Bekehrung mit der Schilderung einer braven heutigen Gottesdienstgemeinde begann, in der plötzlich der Schreckensruf ertönt: Stalin ist da und will uns etwas sagen. Da wurde deutlich, wie wichtig es ist, Ereignisse der Bibel wie hier das Auftauchen des Paulus in Damaskus in Verbindung mit Ereignissen unserer Zeit zu bringen.

SUSCIPE

Suscipe me in servum perpetuum – nimm mich für immer auf in deinen Dienst. Über dieses Wort dachte ich am Nachmittag des 7. Dezember 1947 sehr intensiv nach, auf einem Baumstumpf sitzend, an einem Hügel oberhalb des Klosters Metten. Seit Mai 1946 war ich im Internat und Gymnasium dieser Abtei, weil die Münchner Schulbedingungen in dieser Nachkriegszeit noch sehr schlecht waren. In Metten begegnete ich auch den in dieser Zeit nach dem Dritten Reich wieder erstehenden kirchlichen Jugendgruppen, insbesondere der hier traditionell verwurzelten Marianischen Kongregation. Am nächsten Morgen, am Festtag der Unbefleckt Empfangenen, sollte wieder die erste Aufnahme in diese Gemeinschaft stattfinden, und auch ich wollte dabei mein feierliches Versprechen ablegen. Zuerst hatte ich ja etwas Bedenken gehabt, ob diese Vereinigung nicht vielleicht gegenüber moderneren Jugendbünden etwas zu fromm für mich sei – aber mich dann doch dafür entschieden, nicht zuletzt wegen des mich begeisternden geistlichen Leiters *P. Benedikt Busch*. Ich wollte dieses Versprechen ernst nehmen und sann also über diese Worte nach, die an die Mutter und Jungfrau Maria gerichtet waren und eine Entscheidung von mir verlangten, sie als Herrin, Schützerin und Begleiterin zu erwählen, mich auf einen solchen lebenslangen Dienst festzulegen. Es wurde mir bewusst, dass dieser Dienst Gott selber geweiht sein sollte, aber nach dem Vorbild und in der Gefolgschaft Mariens, die in der entscheidenden Stunde der Weltgeschichte ihr «Mir geschehe nach deinem Wort» gesprochen hatte. Bei aller Ungewissheit über ihre und der Menschheit Zukunft hatte sie der Botschaft «bei Gott ist kein Ding unmöglich» geglaubt. In dieser Stunde wurde meine Seele von diesem Geheimnis berührt (mehr als am nächsten Tag bei der gemeinsamen Feier), von unserer Freiheit, mich für Gott zu entscheiden, ein ungebrochenes Ja zu ihm zu sagen, mich ihm ganz zu überlassen und von ihm ganz angenommen zu werden.  Es war mir, als könnte ich den ganzen kommenden Lebensweg vorwegnehmen und für mein Leben die Verheißung von Gottes Nähe empfangen. Ich hatte damals keine konkrete Vorstellung, in welchem Beruf und Stand ich diese Hingabe vollziehen würde. Und doch war es ein tiefes Gefühl, nun ganz dem Herrn zu gehören, von seiner Hand geführt zu werden. Alle späteren Entscheidungen, Theologie zu studieren, Priester zu werden oder ins Kloster zu gehen, schienen mir Entfaltungen und Konkretisierungen dieser grundsätzlichen Hingabe zu sein. So durfte ich ja am 7. November 1953 in St. Bonifaz gemäß der Regel des heiligen *Benedikt* Beständigkeit, klösterlichen Lebenswandel und Gehorsam vor Gott und seinen Heiligen versprechen und das *Suscipe me* singen – «nimm mich auf, Herr, nach deinem Wort, und ich werde leben». Bei allen Großen der Christenheit finde ich diese Hingabe. Wir finden sie bei *Ignatius von Loyola:* «Nimm hin, o Herr, meine ganze Freiheit», bei *John Henry Newman:* «O Herr, ich gebe mich ganz in Deine Hände. Mache mit mir, was Du willst», bei *Charles de Foucauld:* «Mein Vater, ich überlasse mich Dir; mach mit mir, was Dir gefällt».

Gewiss erfahre ich, dass ich hinter solch hochherzigen Versprechen immer wieder zurückbleibe, dass sich Misstrauen einschleicht und Zweifel, ob nicht zu viel von mir verlangt wird. Ich spüre die Verlockungen, einen bequemeren, gefälligeren Weg zu gehen. Darum ist es gut, sich an das einst gegebene Versprechen immer wieder zu erinnern und es von Herzen zu erneuern.

KREUZ UND GIPFEL

Ein entscheidendes Jahr (1951/1952) im meinem Leben verbrachte ich in Innsbruck zum Studium bei den Jesuiten. Ich lebte in ihrem Seminar, dem Collegium Canisianum. In Erinnerung ist mir ein Gang im ersten Stock, der zum Zimmer des Spirituals und Beichtvaters *P. Dander* führte. Das Fenster, auf das ich dabei zuging, eröffnete den Blick auf Tirols schönsten Berg, die Serles. Davor aber erhob sich das Fensterkreuz. Dieser Blick wurde mir zum Zeichen dafür, worum es in diesen Monaten beim Beichtgespräch ging. Der Berggipfel war ein in der Ferne aufleuchtendes Ziel; das davor liegende Kreuz war Zeichen des Weges durch das Dunkel der Entscheidung, der Anruf zur Entschiedenheit. Ich blickte auf das, was ich erstrebte: den priesterlichen Dienst, den Glanz der Gottesnähe und der Aufgabe, die Freude des Reiches Gottes anderen Menschen zu vermitteln. Da stand vor mir das Kreuz: Die Kreuzesnachfolge verlangt den Verzicht auf eigene Vorlieben, verlangt Fragen und Suchen nach dem, was der Wille Gottes ist. In diesem Jahr durfte ich die Spiritualität des *Ignatius von Loyola* etwas näher kennenlernen, seine Ratschläge zur Unterscheidung der Geister. Solange noch die verschiedenen Möglichkeiten meines künftigen Lebens – Weltpriester, Jesuit, Franziskaner oder Benediktiner, und bei den Benediktinern wiederum verschiedene Klöster – miteinander konkurrierten, fühlte ich Angst vor der Zukunft. Ich empfand es als befreiend, als ich mich für eine dieser Möglichkeiten entschieden hatte, nämlich im Herbst 1952 um Aufnahme in das Kloster St. Bonifaz nachzusuchen.

Berge sind mir Zeichen des großen Lebensziels geworden. In Innsbruck wanderten täglich die Blicke aus dem Tal zur steil aufragenden Nordkette. Reizvoll war die Skiwanderung etwa vom Patscherkofel zum Glungezer, von dem wir einmal am Faschingsdienstag ins Inntal abfuhren. Einer von uns hatte sich allerdings dabei schmerzvoll die Schulter ausgekugelt. Freudig überrascht waren wir, als er bei der abendlichen Faschingsveranstaltung nach der Behandlung im Krankenhaus wieder fröhlich auftauchte. In Erinnerung ist mir auch der Gründonnerstag dieses Jahres. Die Liturgie war damals noch am Vormittag, der Nachmittag frei. Ich wollte ihn noch einmal zum Skifahren nutzen. Die Sonne schien schon wärmer und der Schnee war weich. Ich war ziemlich allein, als ich wieder zum Tal in Richtung Hungerburg fuhr. Der Schnee wurde weniger, aber eine Spur führte noch in den Wald und plötzlich in bloßen Lehmboden hinein. Wohl schon ermüdet, ließ ich mich von dieser Spur tragen und landetet kopfüber in diesem feuchten Grund. Von oben und unten war ich vom Lehm gekennzeichnet. So trug ich gedemütigt den beschmutzen Anorak und die Skier hinab zur Hungerburg. Ich dachte: ein unrühmliches Ende der Skilaufbahn! Ich wollte ja sozusagen die Skier auf dem Professaltar opfern. Es gab dann auch im Kloster keine Gelegenheit zum Skifahren. Als ich freilich nach einem Jahrzehnt 1962 Sekretär des Philosophischen Instituts in Salzburg und dann auch Spiritual des Kollegs St. Benedikt wurde, war die Versuchung übergroß, die Ski sozusagen wieder vom Professaltar zurückzuholen. Eine Woche Skiurlaub gehörte damals für die studierenden Mitbrüder in Salzburg zum festen Bestandteil der Semesterferien. Nachdem eine Probefahrt am Gaisberg ergab, dass ich auch nach einem guten Jahrzehnt der «Enthaltsamkeit» doch noch einigermaßen mich auf den Skiern bewegen konnte, schenkte mir mein Vater eine Skiausrüstung. Ich habe es nicht bereut, weil ich dadurch bis vor zwei Jahren meinen Urlaub zusammen mit Verwandten in der gesunden Winterluft vor allem der österreichischen und Südtiroler Berge verbringen und so ein Zeichen des Lebensziels erfahren konnte. Inzwischen hat freilich die Arthrose den so lange verzögerten Verzicht endgültig notwendig gemacht. So ist es mir mit manchem gegangen, von dem ich als Novize meinte, heroisch verzichten zu können, und das sich dann doch für das leibliche und seelische Wohlergehen als recht nützlich erwies.

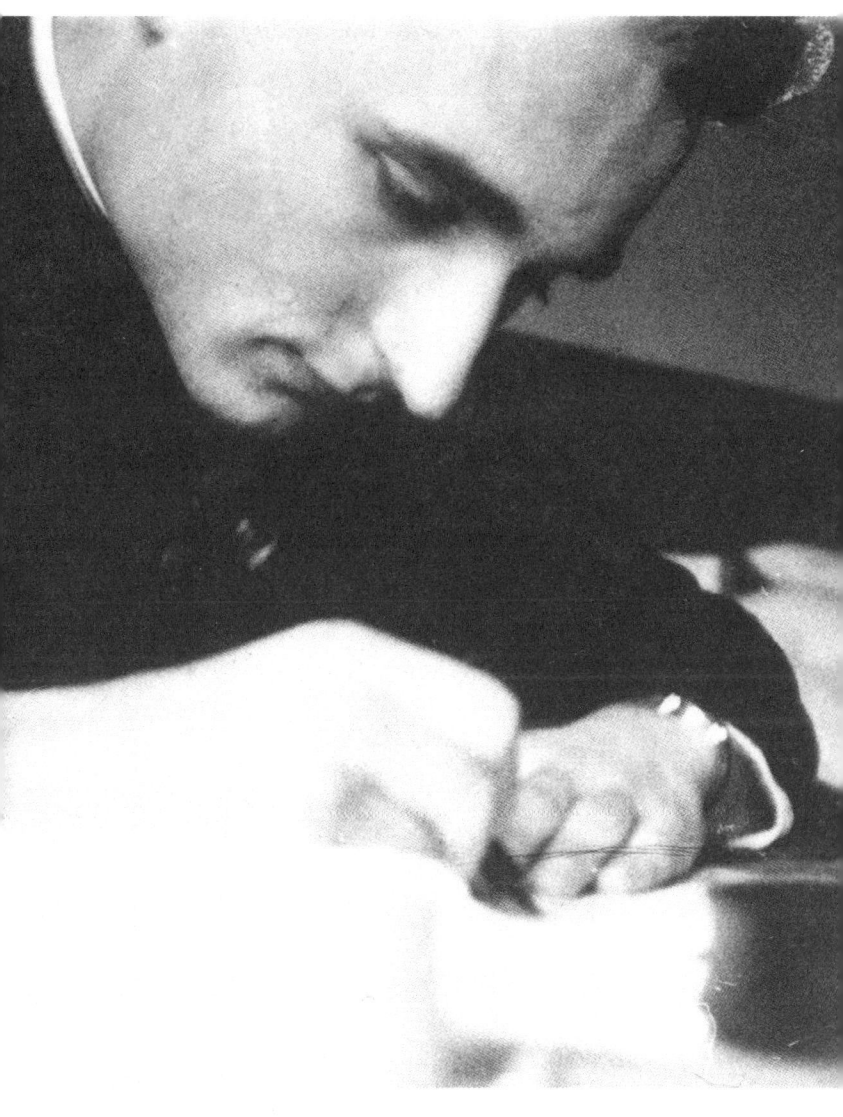

Als Student in Innsbruck, 1951/52

oben: Der junge Kaplan mit einer Gruppe Pfadfinderinnen, 1959
rechts: Immer gern in den Bergen, 1974

KREUZWEGE

In den meisten Kirchen meiner Kindheit fand ich an den Seitenwänden die vierzehn Stationen des Kreuzwegs dargestellt. Das schien neben den verschiedenen vielfältigen Darstellungen aus dem Leben Jesu und der Heiligen unbedingt dazuzugehören: Jesus ist für uns den schweren Weg vom Palast des Pontius Pilatus bis zur Anhöhe von Golgota gegangen. Diesen Weg sind die frühchristlichen Pilger nachgegangen, stellten sich dabei die Passionsberichte der Evangelien vor Augen und versetzten sich in mögliche Situationen wie den dreifachen Fall oder die Begegnung mit Maria, Veronika und den weinenden Frauen. Besonders die franziskanische Frömmigkeit des Mittelalters hat diese Betrachtungen liebevoll gepflegt und schließlich in vierzehn Stationen zusammengefasst. Unsere Kirche St. Bonifaz hatte allerdings keinen Kreuzweg, weil sie den altchristlichen Charakter einer Basilika bewahren wollte. Freilich wurde ich als Abt immer wieder mit dem Thema des Kreuzwegs konfrontiert. Durch Jahrzehnte hindurch haben die Künstlerseelsorger unserer Münchner Erzdiözese einen «Kreuzweg der Künstler» veranstaltet. Zumeist war es meine Aufgabe, zu den Kreuzwegbildern zeitgenössischer

Zur Feier der Goldenen Profess 2003 mit Altersstab, gestaltet von Ludwig Denk

Künstler und zur musikalischen Begleitung meditative Texte zu sprechen. Öfters durfte ich auch zum Orgelkreuzweg von Marcel Dupré hier, in Bamberg und in Aschaffenburg sprechen. Es ist ja erstaunlich, wie die Stationen des Kreuzwegs seit dem Mittelalter nicht nur traditionelle Frömmigkeit immer wieder bewegt haben, sondern auch Dichter wie *Paul Claudel* und Theologen wie *Romano Guardini* zu tiefen Reflexionen veranlasst haben. Dabei geht es nicht nur darum, den Leidensweg Jesu meditierend nachzuvollziehen, sondern sich auch mit dem persönlichen Leidensweg und dem Leidensweg der Menschheit zu konfrontieren. Die Nachfolge Jesu ist ja Kreuzesnachfolge. Wer sein Jünger sein will, muss sein persönliches Kreuz auf sich nehmen. Jesus stellt also eindrücklich vor Augen, dass zu jedem Christenleben auch Leiden und Kreuz gehören. In jedes Leben ist je ein eigenes Kreuz eingezeichnet, und es gilt immer wieder neu, dazu Ja zu sagen. Es gilt zugleich, den Leidensweg der Menschheit anzuschauen und mit dem Weg Jesu in Verbindung zu bringen.

So hat auch mich immer wieder von Neuem die Aufgabe fasziniert, den Kreuzweg für unser Leben zu deuten. 2008 wurde ich gebeten, mir die Marmorskulpturen des Bildhauers *Ernst Lechner* im Isental bei Ampfing anzuschauen und den Kreuzweg durch eine schöne bayerische Landschaft zu gehen. Mit meinen Texten ist so ein «Lechner-Kreuzweg» entstanden. In diesem Jahr faszinierte mich auch ein Kreuzweg von *Rainer Devens,* mit dem er die leerstehende Kapelle des historischen Guthofs Straß an der alten Salzstraße zwischen Traunstein und Wasserburg ausgestattet hatte. Die Mischtechnikbilder konzentrieren sich nur auf das Gesicht des Herrn, auf das Gesicht des Menschen schlechthin. In einer Welt, in der die Menschen so oft ihr individuelles Gesicht verloren haben, ist es wichtig, dass jeder trotz aller Verwüstungen und Entstellungen sein Gesicht bewahrt und in jedem Antlitz auch das unseres Herrn erkennt und achtet.

Auch in St. Bonifaz haben wir inzwischen verschiedene Kreuzwege, manche, wie der von *Ludwig Denk,* die als Geschenk vom «Kreuzweg der Künstler» im Haus geblieben sind, oder auch die für die Werktagskirche der Pfarrei St. Bonifaz geschaffenen metallenen Kreuzwegtafeln von *Friedrich Koller.* Freilich ist es wichtig, den Wegcharakter aller Kreuzwege im Blick zu haben. Zeitgenössische Künstler haben darum in einer 15. Station das Zeichen der Auferstehung gesetzt. An Jesus sehen wir, dass Fallen und Scheitern, Leiden und Sterben nicht das letzte Wort sind, dass wir in allem auf die Vollendung zugehen.

Das ist letztendlich für *Benedikt* der Weg zum Gipfel des Lebens: «in Geduld an den Leiden Christi Anteil haben, um so in sein Reich der Herrlichkeit einzutreten» (Schluss des Prologs zur Benediktsregel).

FAHRRAD

Als ich 1949 das Abitur am Benediktinergymnasium in Metten gemacht hatte, bekam ich von den Eltern ein Fahrrad geschenkt. Mit 18 den Führerschein zu machen war damals keineswegs üblich. Und das Fahrrad ist bis heute das Fortbewegungsmittel geblieben, das ich selber steuern kann. In München ist es das schnellste und einfachste Fahrzeug, das auch keine komplizierte Parkplatzsuche erfordert.

Es hat mir manch schöne Stunden bereitet, etwa beim Fahren durch den Englischen Garten. Es war auch ein Helfer in der Not. So merkte ich, als ich den Bayerischen Verdienstorden erhalten sollte, dass ich zu Hause getrödelt hatte und zu Fuß zum Festakt in der Residenz zu spät kommen würde. So schwang ich mich rasch aufs Fahrrad, stellt es an einer Ecke ab und fuhr dann nach der Verleihung etwas verstohlen mit dieser schönen Auszeichnung wieder nach Hause. Auch manche Begegnung ist mir durch das Radfahren zugefallen. So fuhr ich einmal durchs Lehel, als ein Auto langsam neben mir herfuhr und anscheinend etwas von mir wollte. Ich blieb stehen, und der Fahrer ließ die Fensterscheibe herunter. Ich fürchtete schon, ich hätte mich vielleicht verkehrswidrig verhalten, aber der Mann im Handwerkeranzug fragte mich zu meinem Erstaunen: «Herr Pfarrer, sind Sie Raucher?» Überrascht antwortete ich wahrheitsgemäß: «Nein.» Da sagte er: «Ach, schade, ich bin nämlich auch Nichtraucher und habe eben von einem Kunden eine wunderbare Zigarre geschenkt gekriegt.» Anscheinend dachte er, die würde einem armen Pfarrer, der mit dem Fahrrad fährt, guttun. Und das ist immer wieder eine ungemein tröstliche Erfahrung: Es gibt so viele Menschen in unserer Welt, die anderen Gutes tun und mit Wohlwollen begegnen.

Das Fahrrad ist mir ein lieber Begleiter geworden, gerade jetzt im Alter, wenn das Gehen schwerer fällt. Es ist ein Werkzeug der Fortbewegung und damit auch ein Zeichen für alles menschliche und klösterliche Bemühen. Uns sind Hilfsmittel an die Hand gegeben, durch die wir schneller vorankommen. Das Fahrrad enthebt mich nicht der eigenen Bemühungen und Anstrengungen: Ich muss aufsteigen, muss in die Pedale treten, ich spüre die Unebenheiten des Bodens, die Mühsal, wenn es aufwärts geht. Ich genieße, wenn ich abwärts gleite, und versichere mich zugleich, dass die Bremsen funktionieren, damit es nicht zu schnell wird. So gibt es auch auf dem Weg der Menschen zueinander Hilfsmittel wie das Grüßen und Zulächeln, wie Gesprächsrunden und gemeinsame Unternehmungen, die die Gemeinschaft stärken. Ebenso gibt es auf dem Weg zu Gott die Übungen der Aufmerksamkeit, die Zeiten des Betens und Lesens. Sie erleichtern mir das eigene Bemühen, das unverzichtbar bleibt und das sich, wie *Benedikt* in seinem Kapitel über die Stufen der Demut schreibt, von dem unvermeidlich härteren und strengeren Anfang zur Leichtigkeit des Gewohnten, zur Freude am Guten, zur Liebe wandelt. Ein noch sprechenderes Zeichen ist für mich die Erinnerung an ein kleines Segelboot der Jugendzeit. Bei absoluter Windstille musste ich zum Ruder greifen. Aber wenn der Wind aufkam, musste ich nur das Segel richtig halten und das Steuer nicht aus der Hand lassen. Der Wind half zum schnelleren und leichteren Vorankommen. So darf ich vertrauen, dass der Wind des Heiligen Geistes mich treibt und vorankommen lässt, wenn ich nur vertrauensvoll auf ihn eingehe.

FESTHALTEN

Beim Fahrrad besteht, besonders in der Groß-
stadt, die Gefahr, dass es gestohlen wird – was auch
mir einige Male passiert ist. Besonders gefährlich ist
es, wenn ich mit dem Rad zu einem Gebäude gefahren bin, das in der Nähe unseres Klosters liegt und
zu dem ich sonst gewöhnlich zu Fuß hingehe. Da
bin ich dann manchmal wie gewohnt zu Fuß heim-
gegangen, und das Rad blieb dort stehen. So erinnere ich mich an einen Pfingstsonntag in meinen
ersten Abtjahren. Ich wollte nach der nachmittäg-
lichen Pontifikalvesper noch zu meinem Vater und
meiner Tante zum Kaffee fahren. Am Fahrradstell-
platz unseres Klosters fand ich zu meinem Entsetzen
das Rad nicht vor. Bei fieberhaftem Nachdenken fiel
mir ein, dass ich es möglicherweise am Freitag vor
dem Bankhaus Neuvians-Reuschel am Maximili-
ansplatz hatte stehen lassen (Konsul Neuvians war
der erste Schatzmeister des Vereins der Freunde von
St. Bonifaz, der damals für den Wiederaufbau gegründet worden war). So ging ich versuchsweise zu
diesem Ort, fand aber mein Fahrrad nicht mehr vor.
Ich musste zu Fuß weitergehen. Da erblickte ich in
der Salvatorstraße drei Personen, die sich über ein
Fahrrad beugten. Einer hantierte mit einer Zange

am Schloss. Ich trat hinzu, fragte, wem das Fahrrad gehöre, und als sich einer meldete, bezweifelte ich seine Angabe und zeigte, dass mein Schüssel das Schloss öffnete. Zwei entfernten sich rasch mit dem Hinweis, sie seien nur von dem anderen zu Hilfe gerufen worden. Er aber blieb bei seiner Behauptung, dass er der Eigentümer sei. Er stimmte aber zu, dass die Polizei gerufen werden müsse. Freilich war niemand weit und breit zu sehen, so dass wir weitergingen. Während meine Hand fest auf dem Fahrrad blieb, unterhielten wir uns über dies und das, und immer wieder suchte ich ihm klarzumachen, dass ich nichts anderes wolle, als mit meinem Rad weiterzufahren. Er aber ging freundlich mit mir weiter durch die Faulhaberstraße zum Promenadeplatz und durch die Herderpassage bis vor den Dom. Da war schließlich das Polizeipräsidium zu sehen, mit einem Polizisten am Eingang. Da blieb der junge Mann doch stehen und sagte: «Dann tue ich mich doch lieber entschuldigen.» Er habe seine Fahrkarte verloren – und schon war er verschwunden. So konnte ich doch noch mit dem Rad, wenn auch verspätet, zum Kaffee kommen.

Manches in meinem Leben, da schon alles verloren schien, hat sich doch wieder zum Guten gefügt. Man darf freilich das Suchen nach Verlorenem nicht zu früh aufgeben. Man muss an seiner Sache festhalten, wie ich an meinem Fahrrad. Dabei kann man auch erkennen, dass einer, der einem Böses anzutun scheint, doch ein ganz sympathischer Mensch ist, mit dem man sich gut unterhalten kann. Natürlich ist mir auch ein Fahrrad abhanden gekommen und nie mehr aufgetaucht. Natürlich ist vieles, das ich unternommen habe, auch gescheitert, aber sehr oft habe ich erfahren, dass es am Ende doch gut ausging, dass das Scheitern einer von mir angestrebten Lösung es möglich machte, dass schließlich noch eine bessere Lösung gefunden wurde. Natürlich haben mich manchmal Leute hereingelegt, um zu Geld und materiellen Vorteilen zu kommen. Natürlich sagte ich mir nachher – und andere sagten es auch zu mir: Wie konntest du nur so dumm und leichtgläubig sein? Aber mehr belastet mich die Erinnerung an die Fälle, wo ich selber nicht geholfen habe, wo ich an einer Not vorüberging wie im Gleichnis Jesu der Priester und der Levit, oder wo ich den als richtig erkannten Einsatz zu rasch aufgegeben habe.

WELCHE KIRCHEN
ICH LIEBE

Manchmal werde ich nach meiner Lieblingskirche gefragt. Spontan würde ich, obwohl ich ihn nur ein paar Mal gesehen habe, den Aachener Dom nennen. Ich erinnere mich, wie ich begeistert in dem Zwischenraum stand und immer wieder einmal auf das karolingische Oktogon und dann wieder in den hohen gotischen Chorraum blickte. Zwei Welten begegneten sich da: der schwere, Ebenmaß und Würde ausstrahlende Raum mit dem Kaiserstuhl Karls des Großen und dann die Helle und Höhe des gotischen Chorraums, eines Aufstiegs in die Unendlichkeit, und schließlich die Glasfenster des 20. Jahrhunderts, die in farbiger Vielfalt solch himmlische Unendlichkeit erahnen lassen. Gewiss bin ich immer wieder auch beeindruckt von einem einheitlichen und wunderbar durchkomponierten, die Vielfalt der Farben und Formen zu einer Einheit verbindenden Raum wie der Ottobeurer Basilika oder der Wieskirche. Aber noch mehr berührt mich doch, wenn ein Raum die Geschichte vor Augen stellt, wie die eine Heilsbotschaft durch die Jahrhunderte weitergegeben wird in jeweils neuer Gestalt. So versäume ich, wenn ich in Salzburg bin, nie den Besuch der Franziskanerkirche. Kommend aus dem Lärm der viel-besuchten Stadt, setze ich mich in das romanische Langhaus von 1220 und fühle mich in dunkler Ruhe geborgen. Dann bereite ich mich doch darauf vor, nach vorne zu gehen in den hellen gotischen Chor aus dem 15. Jahrhundert. Der Blick lässt sich von den gotischen Pfeilern nach oben führen und findet dann freudigen Halt am Hochaltar des *Fischer von Erlach* von 1709, in dessen Mitte die Mutter Gottes von *Michael Pacher* (1498) mir zulächelt. Vielleicht streift mein Blick noch das Rokokogitter von 1718, bevor ich beim Seitenausgang wieder die Altstadt betrete, auf den Dom blicke oder zu den Mitbrüdern nach St. Peter eile.

Kirche, so erfahre ich in solchen Bauwerken, ist Volk Gottes auf dem Weg, trägt Vergangenheit mit sich und wandelt sich doch immer wieder zu Neuem. Sie lebt von dem Ewigen, den wir nie ganz erfassen und begreifen, der die Neuheit selber ist und darum auch immer wieder neu erfahren wird.

Das erfreut mich auch an unserer Basilika St. Bonifaz. Professor *Döllgast* hat nach dem Krieg bis 1949 die noch stehenden Mauern der zerstörten Basilika sorgfältig erhalten. Die Spuren der Kriegszerstörung, auch etwa an den Säulen und Kapitellen der Seitenschiffe, sind nicht beseitigt. Das fehlende Mauerwerk ist ergänzt und weitergeführt mit neuen oder mit alten aus dem Trümmerfeld geborgenen und abgeklopften Ziegeln. Altes ist erhalten, die Zerstörung nicht verschwiegen oder überdeckt, Neues wird angefügt. Der nun quadratische Raum der nur noch halb so langen Basilika ermöglichte 1975 die zentrale Stellung des Altars in der Mitte, den die Gläubigen von allen Seiten im Kreis umgeben. In den Jahren 1993 bis 1995 bekam schließlich die Basilika an den Wänden des Hochschiffs, wo einst die Fresken *Friedrich von Heß'* das Leben und Wirken des heiligen Bonifatius darstellten, neue Farbigkeit durch die Bildtafeln von *Peter Burkart. Friedrich Koller,* der auch die Werktagskirche im Pfarrzentrum gestaltet hatte, schuf das große Innenportal, das auf die Welt hinweist, in die wir aus dem Kirchenraum wieder hineingehen: die Begegnung mit Christus in den Menschen in Not und Bedrängnis. Auf diese Weise ist auch bei uns Geschichte spürbar: Altes und Neues. So hat Jesus den Schriftgelehrten, der Jünger des Himmelreichs geworden ist, charakterisiert: Aus seinem Schatz holt er Altes und Neues hervor.

JUBILATIO

Von 1962 bis 1964 durfte ich in Salzburg wei-
len und am Philosophischen Institut mitarbeiten.
Professor *Heinrich Beck,* der sich damals in Salzburg
habilitierte, sagte zu mir, auf mein Benediktiner-
tum anspielend, das für mich völlig überraschende
Wort «Ah – jubilatio». Er meinte damit wohl den
frohen Lobpreis Gottes, zu dem die Mönche berufen
sind und der ihr ganzes Leben in ein jubelndes Lied
verwandeln kann. Blitzartig durchfuhr es mich: Ja,
das könnte, das sollte mein Leben sein. Als Motto
schreiben die Benediktiner ja oft an das Ende eines
Briefes oder Buches: U.I.O.G.D., die Abkürzung von
Ut in omnibus glorificetur Deus – dass in allem Gott
verherrlicht werde, dass in allem der Glanz Gottes
aufleuchtet. So endet das 52. Kapitel der Benediktsregel über die Handwerker im Kloster und ihren de-
mütigen Dienst in der Gemeinschaft. Da wird auch
die Mahnung ausgesprochen, dass beim Verkauf von
Produkten ihrer Arbeit sich kein Betrug und keine
Habgier einschleichen darf, dass man vielmehr die
Waren sogar etwas billiger als sonst üblich verkau-
fen solle, eben um in allem Gott zu verherrlichen.
Sicher durchzieht der Lobpreis Gottes den Tag des
Benediktiners im Stundengebet, im Gottesdienst,

in Gesang und Musik, auch in der künstlerischen Gestaltung der Räume. Aber solch hohes Gotteslob vollzieht sich in allem Tun und Wirken, im ganzen Leben. Diese Freude ist bei allem Ernst der Benediktusregel doch das Ziel des benediktinischen Lebens. So ist gerade die Fastenzeit, der die Regel das ganze 49. Kapitel widmet, von Freude gekennzeichnet: «von der Freude des Heiligen Geistes», in der jeder aus eigenem Willen Gott etwas darbringt, und von der «Freude geistlicher Sehnsucht», mit der das Osterfest erwartet wird.

Die Stadt Salzburg scheint ja von solcher Jubilatio durchzogen zu sein, von der Musik *Haydns* und *Mozarts* und der Schönheit der Kirchen, Häuser und Plätze. Hier war auch eine besondere Stätte für *Carl Orff,* für die Entfaltung seines Schulwerks. In Salzburg fand 1973 die Uraufführung seines letzten großen Werkes «Das Spiel vom Ende der Zeiten» statt. Freundschaftlich verbunden war Carl Orff auch mit dem Benediktiner *Thomas Michels,* der durch viele Jahrzehnte die «Salzburger Hochschulwochen» und das Internationale Forschungszentrum leitete. Dass nach allem Schrecken des Weltendes doch alles zu einem guten Ende kommt, in Gott die letzte Vollendung findet, gibt ja die Auffassung des *Origenes* von der Wiederherstellung von allem wieder. Manche Formulierung verdankte Orff auch dem Rat dieses mit den Kirchenvätern wissenschaftlich vertrauten Benediktiners. Carl Orff durfte ich dann 1982 in der Schmerzhaften Kapelle in Andechs begraben. *Summus finis* steht auch auf seiner Grabplatte. Dem Werk von Carl Orff fühlt sich unser Kloster weiterhin verpflichtet, etwa durch die jährlichen Festspiele «Orff in Andechs». Orff hatte ja 1981 in einem Gespräch mir gegenüber seinen Wunsch, in der Kirche begraben zu sein, auch damit begründet, dass die Menschen, die aus aller Welt zu seinem Grab kommen würden, dies nicht unter einem kalten Monument, sondern in der Kirche finden sollten: «Sie sollen sehen, wo ich daheim bin.»

An sich hatte ich, da ich in der Schule in Musik einmal einen Vierer hatte, eine gewisse Scheu vor dem Singen und Musizieren und dachte, im Kloster seien genug andere da, die gut singen könnten. Als Abt war ich dann freilich auch für das Singen verantwortlich, für das Erstellen neuer Orgeln in München und Andechs, für die Wiederaufnahme der Andechser Musiktradition aus der Barockzeit, für die Veranstaltung von Konzerten und dann eben auch der Pflege Orffscher Musik und Sprachkunst. Und so hoffe ich, wenigstens dadurch das augustinische Wort zu verwirklichen: «Wer singt, betet doppelt.»

DER SEGEN DES BISCHOFS

Am Ende meiner Würzburger Studienzeit empfing ich am 1. und 4. November 1956 die Subdiako-
nats- und die Diakonatsweihe durch Bischof *Julius
Döpfner.* Sehr bewegend war für mich, dass einer der
Würzburger Priesteramtskandidaten, ein sympathischer, gescheiter und frommer junger Mann, plötzlich den Altarraum verließ, sich der Weihe entzog,
weil er sich ihrer nicht würdig empfand. Für mich
war dies eine ernste Anfrage: Bist du denn wirklich
für den heiligen Dienst geeignet, bist du würdig? Es
war für mich eine Beruhigung, dass der junge Mann
ein paar Monate später dann doch sich für die Wei-
hen zum Diakon und Priester bereit erklärte und ein
guter Seelsorger geworden ist. Aber es ist mir doch
klar geworden, dass nicht die eigenen Fähigkeiten
oder die eigene Makellosigkeit zum priesterlichen
Dienst geeignet machen, sondern die erbarmende
Gnade Gottes. Darum ist mir das Wort des Haupt-
mannes von Kafarnaum, das wir vor dem Kommu-
nionempfang sprechen – «Herr, ich bin nicht würdig» – ein wichtiges Wort in der Messe. Darum ist
auch für uns die Begegnung mit dem Bischof, dem
Nachfolger der Apostel wichtig. Er verkörpert sicht-
bar und hörbar den Anruf Christi. So erinnere ich

mich gerne an unsere Ortsbischöfe: an Kardinal *Faulhaber,* der mich 1942 im Liebfrauendom firmte. An Kardinal *Wendel,* der mich und einen Mitbruder am 23. Dezember 1956 in St. Bonifaz zum Priester weihte. Nochmals an *Julius Döpfner,* der mich am 8. September 1964 zum Abt benedizierte. Es war auch die erste Konzelebration in unserer Diözese. Kardinal *Ratzinger* besuchte St. Bonifaz vor allem zum «Aschermittwoch der Künstler». Ich erinnere mich, wie er einmal mit mir nach dem Künstlerempfang noch in die Basilika ging, um die ihm noch unbekannte Statue der heiligen Elisabeth zu besichtigen, die die von ihm sehr geschätzte und auch aus dem Chiemgau stammende Bildhauerin *Christine Stadler* geschaffen hatte. Zu meinem Entsetzen bemerkte ich, dass einer unserer Obdachlosen sich auch unter die Künstler gereiht und sich ein Glas Bier geholt hatte und nun damit in der Kirche saß. Ich wollte den Kardinal daran vorbeileiten, aber beim Rückweg ließ sich das Zusammentreffen nicht vermeiden. Der Obdachlose genierte sich nicht, den Kardinal anzusprechen: «Du bist ja auch von Traunstein.» Der Kardinal entsetzte sich nicht über den in der Kirche Bier trinkenden Mann, sondern blieb gelassen und freundlich mit der Mahnung, sein Landsmann möge sich auch in München gut aufführen. Bei vielen Veranstaltungen war schließlich Kardinal

Wetter gerne in St. Bonifaz. Vor einem Jahr hat er uns auch einen geistlichen Vortrag über Benedikt gehalten. Sein erster Besuch war weniger glücklich. Er wollte sich, neu in München, über Ort und Ablauf des Künstleraschermittwochs erkundigen und spazierte deshalb an einem Sonntagnachmittag nach St. Bonifaz. An der Pforte antwortete unser schon alter Pförtner, dass auch ich zu einem Spaziergang aufgebrochen sei. Als der Kardinal, den unser Pförtner nicht erkannte, dann nach dem Prior verlangte, verstand unser Mitbruder den Namen nicht ganz richtig und meldete dem Prior: Da ist ein Mann namens Vetter, vermutlich ein Bettler. Der Prior steckte darauf fünf Mark in seine Tasche und war höchst erstaunt, den neuen Erzbischof im etwas dunklen Pfortenvorraum vorzufinden.

Unsere Abtei gehört ja zu zwei Diözesen, St. Bonifaz zu München-Freising, Andechs zu Augsburg. Manchmal sage ich im Spaß: Wenn es sich der Abt mit einem Bischof verdirbt, kann er in die andere Diözese ausweichen. Aber das war natürlich nie notwendig, zumal mit *Viktor Josef Dammertz* sogar ein benediktinischer Mitbruder Augsburger Bischof war.

ODILO

In unseren Klöstern ist es Sitte, dass der Mönch
zu seinem Taufnamen einen zweiten Namen, einen
zusätzlichen Patron, erhält. Es ist das Zeichen für
einen Neuanfang und eine Neuorientierung. So gab
mir bei der Ersten Profess am 7. November 1953 Abt
Hugo Lang den heiligen *Odilo von Cluny* als Begleiter des klösterlichen Lebens. Die Äbte von Cluny
waren ja die großen Erneuerer der Kirche des 11.
und 12. Jahrhunderts, setzten sich für die würdige
Feier der Liturgie und für den Frieden im Land ein.
Der heilige Odilo ist mir durch seinen Ausspruch
liebgeworden, er wolle lieber wegen seiner Barm-
herzigkeit barmherzig als durch Strenge streng gerichtet werden. Natürlich spielt auch die Tradition
der Namensträger im eigenen Kloster eine Rolle.
Ich vermute, dass Abt Hugo an meinen zweiten
Namensvorgänger dachte, an *P. Odilo Rottmanner*
(1841–1907), der durch seine gelehrten Schriften,
durch seine gehaltvollen Predigten und durch seine unermüdliche Arbeit als Bibliothekar, aber auch
durch viele schalkhafte Äußerungen weitum be-
kannt war. So charakterisierte er einmal um 1900
auf die Nachfrage, wie es in St. Bonifaz gehe, unser
Kloster als recht musikalisches Haus. Und er erläu-

terte: Der Abt (damals der sehr milde und musisch begabte *Benedikt Zenetti*) spielt Piano, der Prior erste Geige und das Haus geht flöten. Vor allem aber war Odilo Rottmanner ein ausgezeichneter Kenner des heiligen *Augustinus.* Bis zu seinem Tod arbeitete er an einer umfassenden Augustinuskonkordanz, die er allerdings nicht vollenden konnte. Sein Vorbild war vielleicht auch ein Grund dafür, dass Abt Hugo mich zu einer philosophischen Dissertation über Augustinus freistellte. Sie war bei *Rudolph Berlinger* in Würzburg unter dem Titel «Idee und Zeit in der Metaphysik Augustins» erarbeitet worden. Augustins wunderbare Sprache, seine umfassende Confessio, in der er sein Leben und das Sein des Menschen schlechthin auf Gott hin aussagt, sein immer erneutes Suchen und Fragen nach dem ewigen Ursprung aller Zeit haben mich ein Leben lang begleitet. Freilich hat die Weihe zum Abt mich von der wissenschaftlichen Arbeit weggeführt, wie man ja gern die Mitra als «Löschhörndl» des Heiligen Geistes bezeichnet. Der neue Ordensname hat im darauffolgenden Jahr mir zu vielen Namenstagsgratulationen verholfen. Natürlich haben alte Bekannte noch zum Johannestag oder zu Helmut gratuliert. Im Kalender fanden manche den heiligen Odilo von Cluny unter dem 1. Januar. Doch gratulierten andere am Tag des Agilolfingerherzogs Odilo am 3. Januar.

Im Kloster wurden dann freilich die heiligen Äbte von Cluny alle zusammen am Tag des heiligen Abtes Hugo (damals Ende April) gefeiert, was sich auch herumsprach. Nun ist freilich unter dem 1. April auch ein Hugo verzeichnet. Eine fromme Tante hatte sich deswegen verführen lassen, mir an diesem Tag zu gratulieren. Als mir der Pförtner meldete, für mich sei eine Torte abgegeben worden, hielt ich es für einen guten Aprilscherz. Vorsichtig suchte ich dann später doch die Pforte auf – und siehe da, da war wirklich ein Namenstagsgeschenk. Solche Missverständnisse und darum sehr häufige Gratulationen hat es dann freilich später nicht mehr gegeben.

Dafür häufen sich bei einem Abt im Alter die Jubiläen und die runden Geburtstage. Zum 50. Professtag am 7. November 2003 wurde mir nach alter klösterlicher Sitte ein kunstvoller Altersstab, einer der für Andechs angefertigten schönen Pilgerstäbe von *Ludwig Denk,* überreicht. Beim 25-jährigen Priesterjubiläum 1981 predigte wie bei der Primiz *Karl Rahner.* Die Münchner Chorbuben, die ebenfalls bei der Primiz gesungen hatten, traten auch damals wieder auf und sangen auch beim 50-jährigen Priesterjubiläum 2006. Eine schöne Tradition von vielen Generationen von Chorbuben und inzwischen auch Chormädchen. Beim 25-jährigen Abtsjubiläum 1989 sprachen in der Aula der Münchner Universität die Bundestagspräsidentin *Rita Süßmuth,* der Intendant *August Everding* und Professor *Heinrich Fries.*

Der Name Odilo ist mir vertraut und lieb geworden. Er hat den Vorteil, dass er etwa bei kleinen Dankgedichten sich so schön auf «so» oder «froh» reimt. Weil ich vor ein paar Jahrzehnten Einladungen zur Segnung von Gaststätten und Kliniken allzu leicht Folge leistete, entstand auch der spöttische Vers: «Und in München der Abt Odilo segnet auch ein jedes Klo.»

DILATATO CORDE

Es ist üblich, dass der Abt eines Klosters sich für sein Wirken ein Motto wählt, das aus der Heiligen Schrift oder der Ordensregel genommen ist. Als ich am 14. Juli 1964 zum Abt gewählt worden war, schien mir ein Wort aus dem Vorwort zur Benediktsregel ein schönes Leitmotiv zu sein für den Weg des Mönches und das Wirken des Abtes: «Wer aber im klösterlichen Leben und im Glauben fortschreitet, dem wird das Herz weit und er läuft in unsagbarem Glück der Liebe den Weg der Gebote Gottes». Das Weitwerden des Herzens (*dilatato corde*) war also als eine geistliche Zielsetzung gedacht, eine Verheißung, dass das christliche, das klösterliche Leben durch alle Engen und Mühen hindurch zur Freude, zum Glück der Liebe führt. So schildert das 7. Regelkapitel auch als Ziel der Stufen der Demut die vollendete Gottesliebe, die mühelos, gleichsam natürlich, aus guter Gewohnheit und aus Freude an der Tugend lebt. Auch für das priesterliche Wirken war mir die schönste Beschreibung: «Gehilfe eurer Freude zu sein».

Weite des Herzens, zunächst als geistliches Ziel und Geschenk der Gnade gedacht, wurde freilich von vielen vor allem als ein weites Herz, als Verständnis für viele (oder alles) verstanden. Die zweibändige Festschrift zum 25-jährigen Abtjubiläum 1989 hatte denn auch den Titel «Weite des Herzens – Weite des Lebens». Aus verschiedenen Gründen, aus dem eigenen Harmoniebedürfnis, aus den Erfahrungen mit den Ideologien des 20. Jahrhunderts, aus der Begegnung mit ganz verschiedenartigen Menschen war mir denn auch alle einseitige Festlegung, aller Fanatismus, alle Engführung verdächtig. Freilich musste ich auch erfahren, dass man es nie allen Recht machen kann, dass man nicht jedermanns Freund sein kann. Aber es fiel mir doch schwer, auch an einem anderen Standpunkt nicht etwas Gutes zu finden. Erschreckend deutlich wurde mir dies, als 1971 die Wahl von Prof. *Nikolaus Lobkowicz* zum Rektor der Universität München anstand. Der erste Wahlversuch in der Uni war gescheitert, weil die Studenten ein Mitspracherecht bei der Wahl gefordert hatten und es durchzusetzen versuchten. So trafen sich zum zweiten Versuch die Professoren in den gesicherten Räumen der Münchner Residenz. Zu unserem Predigtkreis junger Menschen, der die Sonntagabendmesse vorbereitete, kamen an diesem Nachmittag einige der Studenten voll Jubel: «Wir haben wieder gesiegt.» Durch einen Hintereingang waren die Studenten zu der Wahlversammlung vorgedrungen und hatten auch diese Sitzung gesprengt. Die freudige Stimmung erfasste uns alle: ein Sieg der Demokratie über veraltete Herrschaftsstrukturen. Am selben Abend traf sich noch der Vorstand unseres Vereins der Freunde, der, 1965 gegründet, mir beim Wiederaufbau von St. Bonifaz ungemein wertvolle Hilfe leistete. Etwas verspätet kam *Levin Freiherr von Gumppenberg* dazu, bleich, erschüttert, tief betrübt. Er war der Präsident der Schlösserverwaltung und Hausherr der Residenz, verantwortlich für den Schutz des Ablaufs dieser Rektorenwahl. Er stöhnte: «Es kommen wieder die Zeiten von 1933. Ein geordneter Ablauf demokratischer Wahlen ist nicht mehr gewährleistet.» Auch jetzt war ich mit den anderen Teilnehmern zutiefst betroffen von dieser Klage. Ich spürte damals, wie verschiedene Standpunkte die Seele berühren und zerreißen können.

In dieser Zeit zeigten sich auch bei den jungen Menschen in der Kirche ganz verschiedene und sich auszuschließen scheinende Standpunkte. Da gab es katholische Jugend, die sehr stark auf Weltgestaltung, auf politischen und sozialen Einsatz ausgerichtet war. Da gab es andere Gruppen, die sich auf das Gebet, auf geistliche Besinnung, auf das Singen von Taizé-Liedern konzentrierten. Als ich einmal mit Vertretern beider Gruppen beisammen war und eine Verständigung unmöglich schien, suchte ich darzulegen, wie wir vom Evangelium zu einem inneren, geistlichen Leben, aber auch zu einem aktiven Einsatz in der Gesellschaft aufgerufen seien. Und zu meiner Freude sagten die Vertreter beider Gruppen, dass sie mit meinen Worten ganz einverstanden und damit auch zu einem gegenseitigen Verständnis bereit seien. So wurde ich auch immer wieder von verschiedenen Parteien zu Referaten oder Ansprachen eingeladen, von CSU und SPD, von Grünen und Liberalen. Ich denke, dass ich den jeweiligen Zuhörern nicht nach dem Mund geredet habe, sondern dieselben Grundsätze vertrat und doch durchaus Zustimmung finden konnte. Die Weite des Herzens kann und soll immer wieder auch verschiedene Meinungen zusammenführen.

OSB

Natürlich werde ich öfters gefragt, was das OSB hinter meinem Namen bedeutet (Ordo Sancti Benedicti). Gerne bekenne ich mich dazu, ein Sohn des heiligen *Benedikt* zu sein. Manchmal gebe ich aber auch scherzhafte Deutungen wieder: «Ohne sonderliche Bedeutung» oder «Oh, sie bauen». Fürwahr gibt es kaum ein Kloster, das nicht irgendeine Baustelle aufweist. Ich genoss es zwar durchaus, etwa als Spiritual in Salzburg geistliche Vorträge zu halten und in Gesprächen anderen Weisung und Rat zu geben, aber ich vermisste doch auch, nur mit Worten und nicht in der Tat etwas zu bewirken, Welt zu gestalten. Das wurde dann freilich rasch anders, als ich 1964 zum Abt gewählt wurde. Nun galt es, Entscheidungen zu treffen und das klösterliche Leben und Wirken, auch seine wirtschaftliche Fundierung und vor allem auch seine bauliche Anlage zu gestalten. Auch da gab es viele Schwierigkeiten, lange Verhandlungen mit Gremien, mit Behörden und manches Scheitern der eigenen Pläne.

1964 war die nördliche Hälfte der Basilika St. Bonifaz noch eine Ruine. Für das seelsorgerliche Wirken in der Pfarrei und für andere Gruppierungen standen nur ein paar Zimmer im Kloster zur

Verfügung. 1965 wurde so das Refektorium, der Speisesaal des Klosters, der sich vom Erdgeschoss bis zum hohen ersten Stock erstreckte, durch eine Zwischendecke halbiert. Das Refektorium blieb im ersten Stock und war nun von der Chorkapelle und rückwärts vom Kaffeezimmer unmittelbar erreichbar. Im Erdgeschoss entstanden zwei Sprechzimmer und ein Gästesaal, der auch für Bildungsveranstaltungen, wie das nun ins Leben gerufene «Colloquium Benedictinum», Raum bot. Nachdem sich der Konvent entschlossen hatte, die Basilika nicht mehr in der ganzen Länge wieder aufzubauen, stand die Frage nach der endgültigen Gestaltung von Basilika und der noch in Trümmern liegenden Nordfläche an. Ein 1965 gegründeter Verein der Freunde konnte uns dabei durch wertvollen Rat und die Bereitstellung beträchtlicher finanzieller Mittel unterstützen. Nachdem verschiedene Entwürfe nicht die notwendige Zustimmung fanden, übernahm der Baureferent der Erzdiözese *Carl Theodor Horn* die Gestaltung des ganzen Komplexes. So konnte am 9. Juli 1971 das Pfarr- und Bildungszentrum durch Kardinal *Döpfner* eingeweiht werden. Im Anschluss an die zum Teil wieder aufgerichtete alte Apsisrundung erstreckten sich nun eine neue Krypta, darüber ein großer Saal, Pfarrbüro, Seminar-, Meditations- und Besprechungsräume, im ersten Stock auch Zimmer für Mitarbeiter und Studenten. Am 24. November 1975 konnte Weihbischof *Defregger* den neuen Altar in der stabilisierten und nun als Zentralraum gestalteten Basilika einweihen. Es war das 125-Jahre-Jubiläum der Kirche. Diese Bauten ermöglichen ein vielfältiges Angebot für die Pfarrangehörigen und viele Menschen im Umkreis der Stadt, sich in Vorträgen, in Seminaren zu bilden, in Begegnungen Gemeinschaft zu erfahren und so seelisch in St. Bonifaz eine Heimat zu finden. Ein wichtiger Bestandteil des Klosters ist die Bibliothek, die der wissenschaftlichen Forschung und der Bildung für die Mitbrüder des Klosters und für viele andere Benutzer dient. Auch wenn im Zweiten Weltkrieg die Hälfte der Bücher verbrannt war, ist der Bücherbestand doch inzwischen immer größer geworden, so dass auch hier eine Erweiterung durch mehrere Stockwerke des Seitentrakts hindurch notwendig wurde. Kardinal *Wetter* segnete die neugestaltete Bibliothek am 19. Oktober 1984.

Wenn man lange im Amt ist, muss man freilich erleben, dass manches, was da gebaut wurde, wieder brüchig wird. So musste das Pfarr- und Bildungszentrum 2004 bis 2006 vor allem aus Brandschutzgründen fast vollständig saniert werden, was freilich auch den Einbau eines Liftes ermöglichte. Da die Zahl von obdachlosen und hilfesuchenden Menschen in den letzten zwei Jahrzehnten sehr zunahm und einige Mitbrüder sich dieser Not annahmen, wurde im Jahr 2000 der Grundstein zu einem weiteren Bau gelegt, dem Haneberghaus, das eine großzügigere Hilfe ermöglicht: Speisung, Kleiderkammer, Duschen und Bäder, ärztliche Praxen und soziale Beratung. Verbunden mit diesem Haus sind die Jugendstelle für die Altstadt, Jugendräume, Übungssäle für die Münchner Chorbuben und Chormädchen und die pädagogische und psychologische Jugendberatungsstelle (PIB). Zusammen mit dem Gebäude für die kirchliche Genossenschaftsbank LIGA an der Luisenstraße ist dies das letzte große Werk des berühmten Architekten *Alexander von Branca*. Auch in diesem Bau wird deutlich, was zu den Aufgaben des Klosters gehört: Sorge für die Jugend, Sorge für die Armen, Pflege der Künste, aber auch die wirtschaftliche Sicherung all dieser Tätigkeiten.

Dieser wirtschaftlichen Sicherung der Abtei dient ja auch das von König *Ludwig I.* dafür geschenkte Kloster Andechs. Auch hier galt es, die notwendigen baulichen Voraussetzungen zu schaffen: für die Klosterbrauerei eine neue Flaschenfüllerei, ein neues Sudhaus, aber auch die Erschließung der schönen Fürstenzimmer, zunächst für die Landesausstellung «Herzöge und Heilige» (1993) und dann für viele religiöse und kulturelle Veranstaltungen. Immer war die gute Zusammenarbeit mit den Architekten, so mit Vater und Sohn *Sommersberger* und mit Prof. *Kurt Ackermann,* eine wichtige Voraussetzung für das gute Gelingen. Durch die Umstellung der Landwirtschaft auf Ackerbau wurden Scheune, Schweine- und Pferdestall frei. So konnte der Umbau zum «Florianstadl» verwirklicht werden, der für die jetzt jährlich stattfindenden Orff-Festspiele und für andere Veranstaltungen ein wunderbarer Raum geworden ist.

Im Bauen, in den verschiedenen Räumen eines Klosters manifestiert sich, worum es im benediktinischen Leben geht: eine Mitte zu finden, Gott zu loben, maßvoll zu leben, in rechter Weise zu schlafen und zu essen, zu arbeiten und zu lesen, den Kranken und Armen Raum zu geben, die Heilsbotschaft weiterzugeben an andere Menschen. Mein Nachfolger Abt *Johannes* hat dies 2009 in einem schönen Buch dargestellt: «Der Klosterplan als Lebensmodell – Wohne bei Dir selbst».

NON MINUS, SED MELIUS

Non minus, sed melius – nicht weniger, sondern besser – mit diesem Wort kennzeichnete der verehrte Abt *Emmanuel Heufelder* von Niederaltaich, worum es uns bei der durch das Zweite Vatikanische Konzil angeregten Erneuerung der Kirche und vor allem der Liturgie gehen sollte. Er hatte ja die in den dreißiger Jahren vom wirtschaftlichen Untergang bedrohte Abtei Niederaltaich zu neuer Blüte gebracht und sie auch zu einem Begegnungsort der Ökumene gemacht – mit dem ökumenischen Institut und der «Una Sancta»-Zeitschrift und mit der Byzantinischen Dekanie, einer Gruppe von Mönchen, die den Gottesdienst in der ostkirchlichen Liturgie feiern. Mit Worten der Hoffnung hatte er mich sehr eindrucksvoll zum äbtlichen Dienst ermutigt. Bald nach der Abtwahl fand das Generalkapitel der Bayerischen Benediktiner in Ottobeuren statt, die Versammlung der Äbte und je eines gewählten Vertreters der einzelnen Klöster unserer Kongregation. Diese damals alle drei Jahre, jetzt alle vier Jahre zusammentretende Versammlung ist für die Auslegung der Benediktusregel und ihre rechtliche Fassung in Statuten zuständig. In den folgenden Generalkapiteln ging es vor allem auch um die Umsetzung der

Anstöße des Zweiten Vatikanischen Konzils, vor allem seines Dekrets über das Ordensleben. Es ging da um die «ständige Rückkehr zu den Quellen jedes christlichen Lebens und zum Geist des Ursprungs der einzelnen Institute, zugleich aber deren Anpassung an die veränderlichen Zeitverhältnisse». Vor allem war nun durch die Erlaubnis der Muttersprache eine neue Gestalt des Stundengebets möglich. Die Priestermönche, die es bislang auf Lateinisch beten mussten, und die Laienbrüder konnten es nun gemeinsam beten. Die Klöster bemühten sich um eine ihren Verhältnissen angepasste und dem Sinn des Gottesdienstes entsprechende Form in der Verteilung der Psalmen, in der Komposition neuer Hymnen und eines deutschen Chorals. Dabei konnte dieses Motto von Abt Emmanuel leitend sein. Es ging zunächst nicht um eine Kürzung der freilich oft zu langen Texte, sondern um ein besseres Verständnis und eine sinnvolle Verteilung der Psalmen. Die Erfahrungen der einzelnen Klöster mit verschiedenen Versuchen wurden dann wieder miteinander verglichen, vor allem auch im größeren deutschsprachigen Raum im Rahmen der Salzburger Äbtekonferenz. Diesem Bestreben durfte ich fünfzehn Jahre als Präses der Bayerischen Benediktinerkongregation und zehn Jahre als Vorsitzender der Salzburger Äbtekonferenz dienen. Es war bewegend, wie die verschiedenen Erfahrungen der einzelnen Klöster und Kongregationen wieder zusammenflossen, wie unter Wahrung jeweiliger Besonderheiten die deutschsprachigen Benediktiner wieder zu einem gemeinsamen deutschen Stundenbuch und auch mehrheitlich zu einem gemeinsamen Antiphonale, zu gemeinsamem Singen zusammenfanden. In vielen Generalkapiteln wurde auch die Neufassung der Satzungen beraten. So war es möglich, die ursprüngliche Form benediktinischen monastischen Lebens einer gleichberechtigten Gemeinschaft von Priestern und Laien wieder zu verwirklichen, nachdem vorher das Kirchenrecht nur den Priestermönchen die feierliche Profess und die Kapitelrechte zugestanden hatte. Es war schön zu sehen, wie, mancherorts vielleicht nach Anfangsschwierigkeiten, benediktinische Gemeinschaften zu einer Einheit zusammenfanden.

Darum muss es wohl auch in der ganzen Kirche gehen: nicht um bloße Erleichterungen, Verkürzungen, sondern um das Bemühen, den Weisungen des Evangeliums in unserer heutigen Welt zu entsprechen, dem Anruf des Gottesgeistes zu antworten. Für uns Benediktiner bedeutet das: Wir beginnen in der örtlichen Gemeinschaft, der Ortskirche, sammeln Erfahrung, bringen sie ein in das brüderliche Gespräch mit den anderen Gemeinschaften, suchen voneinander zu lernen und neue Gemeinsamkeit zu finden.

ZEITVERSCHIEBUNG

Unvergesslich ist mir eine Begebenheit im September 1975 auf den Straßen von New York. Cliff, ein schwarzer Amerikaner und Musiklehrer, hatte mich am Flughafen abgeholt und brachte mich zu einem Quartier in der Bronx. Als ich ihn nach der Zeit fragte, merkte ich, dass er nach dem Blick auf die Uhr kurz zögerte, bis er Antwort gab. Er hatte zu meiner Verwunderung die sechs Stunden abziehen müssen, denn seine Uhr war auf europäische Zeit eingestellt. Ich hatte ihn zwölf Jahre zuvor in Salzburg kennengelernt, wo er am Mozarteum studierte und Kontakt zu den in Salzburg studierenden Benediktinern gewann. Er stammte aus einer angesehenen Familie mit akademischen Berufen und litt besonders unter der Diskriminierung, die den Schwarzen damals in Amerika entgegenschlug. Für ihn war es ein befreiendes Erlebnis, dass damals der Umgang unter den Studierenden und vor allem mit den schweizerischen, österreichischen und deutschen Benediktinern ganz freundschaftlich war. Die ihm von einem Schweizer Benediktiner geschenkte Uhr war ihm darum besonders heilig. Er, der seine Sommerferien immer bei Benediktinern in Europa verbrachte, hatte seine Uhr nie auf amerikanische

Zeit umgestellt. Mir wurde deutlich, wie der Glaube auch die Verschiedenheit der Kontinente und Hautfarben überwindet, wie wir alle in Gleichzeitigkeit leben können. Vor meinem Rückflug nach Europa verbrachte ich wieder einige Tage in New York und wohnte diesmal bei Cliff in Harlem, gewann so Kontakt mit vielen Schwarzen und besuchte auch die Highschool, wo er unterrichtete.

Den Amerikabesuch hatte ich als Präses der Bayerischen Kongregation unternommen. Die jährliche Synode der Präsides fand damals in St. Vincent in Pennsylvania statt, weil der Abtprimas *Rembert Weakland* aus diesem Kloster stammte. Es war von König *Ludwig I.* (wie unser eigenes Kloster) gegründet worden. Damals arbeiteten auch noch bayerische Benediktinerinnen aus Eichstätt in der Küche dieses amerikanischen Klosters. Auf der Präsidessynode wurde in besonderer Weise die Völker verbindende Kraft des Benediktinischen und der Kirche deutlich. Damals konnte ich unter anderem auch St. John's in Minnesota, auch eine Gründung von König Ludwig I., besuchen und Washington, wo die katholische Universität dem Abtprimas den Ehrendoktor verlieh. Die Vielfalt und doch umfassende Einheit der benediktinischen Konföderation zeigt sich nicht nur bei diesen jährlichen Präsidessynoden, sondern auch beim zumeist alle vier Jahr stattfindenden Äbtekongress in Rom, an dem alle Äbte der Konföderation und als Gäste immer auch anglikanische und orthodoxe Mönche teilnehmen. So verschieden die Klöster sind, sehr zurückgezogen, kontemplativ Lebende, ganz auf die Liturgie und den Choral Ausgerichtete, stark in die Seelsorge und die Mission Eingebundene, kleine Kommunitäten, große Klöster mit Kollegien, Hochschulen und Universitäten – man spürt doch trotz allem die Einheit des benediktinischen Geistes. Der Äbtekongress in Rom dauert gewöhnlich zwei Wochen und behandelt neben den Formalien Themen des klösterlichen Lebens und seiner Gestaltung in unserer Zeit, von Gebet und Meditation, von Arbeit und Wirtschaft, vom Dienst für die Gesamtkirche und für die Welt. Der Austausch wird nicht nur im Raum von Sant'Anselmo auf dem Aventin, dem Sitz des Abtprimas und unserer Benediktinerhochschule, gepflegt, sondern auch bei Ausflügen nach Subiaco, dem ersten Kloster Benedikts, nach Montecassino, wo Benedikt seine Regel schrieb und gestützt auf die Hände seiner Mitbrüder starb, manchmal auch nach Norcia, dem Geburtsort des Heiligen. Wenn Mönche aus allen Kontinenten da beisammen sind, wird deutlich, wie aus Benedikts Gottsuche und aus seiner Ordnung für eine Gemeinschaft von Brüdern Segen ausging in alle Teile der Welt.

1964: der neue Abt von St. Bonifaz und Andechs

Die Abtweihe am 8. September 1964 durch
Julius Kardinal Döpfner

Zusammen mit dem späteren Nachfolger als Abt,
Pater Johannes Eckert, 2001

Mit den Großen …
wie Herzog Franz von Bayern an seinem 70. Geburtstag, 2003

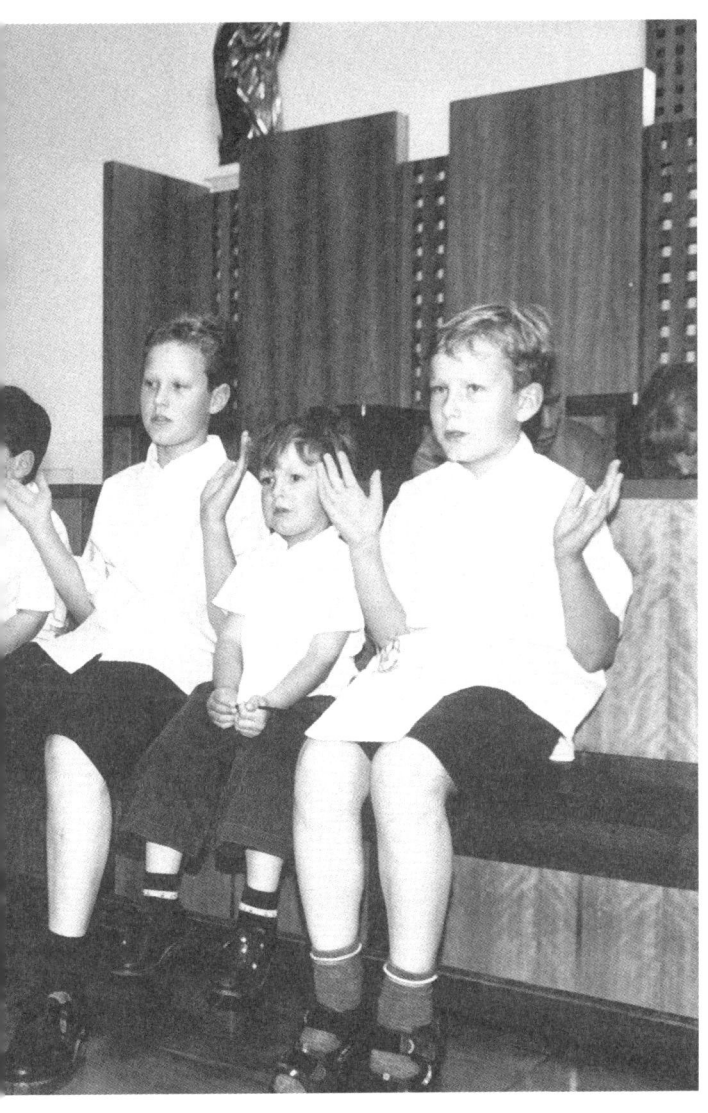

... und den Kleinen
wie einer Schar Kinder beim Gebet, 2003

JETZT KANN
ICH GLAUBEN

Schon bald kam auf mich und andere Äbte die Aufgabe zu, in Vertretung des Bischofs die Firmung zu spenden. Kardinal *Döpfner* weilte ja oft in Rom. Zudem sollte nun nach Möglichkeit in jeder Pfarrei dieses Sakrament der Vollendung der Taufe gefeiert werden. So mussten mehr Firmspender gewonnen werden. Bei den Äbten, die mit Stab und Mitra kommen konnten, war der Vorteil, dass sie wenigstens wie Bischöfe aussahen. So lernte ich in mehr als vier Jahrzehnten viele Pfarreien und viele Jugendliche kennen. Die Begegnung mit der Jugend ist ja mit eine der wichtigsten Aufgaben für die ganze Kirche. Junge Menschen sollen einen Zugang zum Glauben finden auf je ihre eigene Weise und dies in freier Entscheidung. Es war erfreulich für mich zu sehen, wie engagiert Frauen und Männer sich bereit fanden, Firmgruppen zu übernehmen und junge Menschen vorzubereiten. Öfters hörte ich, dass Firmlinge zunächst in ihren Firmhelfern einen Priester oder eine Katechetin vermuteten. Die Überraschung, dass etwa eine Geschäftsfrau oder ein Ingenieur diese Aufgabe übernahmen, ohne dafür bezahlt zu sein, war das beste Zeugnis, dass jeder Gefirmte, jeder reife

Vor der Christus-Statue «Der Vollender» von Friedrich Koller, 2010

Christ Verantwortung in der Gemeinde übernehmen soll.

«Jetzt kann ich glauben», sagte einmal nach einer Firmung ein Mädchen tränenüberströmt in der Sakristei einer Pasinger Kirche. Sie hatte zunächst an den Vorbereitungen auf die Firmung teilgenommen, war aber dann ausgestiegen, weil sie meinte, nicht glauben zu können. Aus Neugierde hat sie dann aber doch den Firmgottesdienst ihrer Schulkameraden besucht. Da fühlte sie sich im Inneren berührt und war nun bereit, ihren Glauben zu bekennen und sich firmen zu lassen. Die Firmung hat sie dann in einer der Nachbarpfarreien empfangen. Noch mehr berührt hat mich die Begegnung mit einem Jungen, der ebenfalls gefirmt werden sollte, aber auch nicht glauben konnte. Er suchte sich ein Jahr lang der Firmung zu entziehen, musste sich aber auf Druck der Familie in der Pfarrei anmelden. Der Onkel aus Niederbayern war schon als Pate bestimmt und sein muslimischer Vater drohte ihm Prügel an, wenn er die Firmung verweigere. Aber er wollte nichts gegen seine Überzeugung tun. So suchte er herauszubringen, welcher Bischof der Firmspender sei, und fragte sich bis zu mir nach St. Bonifaz durch. Er wisse nicht, wie er aus diesem Zwiespalt herauskäme. Wir führten ein langes Gespräch, und ich war beeindruckt davon, wie ernst dieser Junge die Entscheidung nahm. Ich entschloss mich, auch nach Rücksprache mit dem Pfarrer, ihm beim Gottesdienst nur die Hände aufzulegen, für ihn zu beten und sein Versprechen entgegenzunehmen, nach Gott suchen zu wollen. Er war mir dafür sehr dankbar.

Immer wieder erfuhr ich, dass die selbstverständliche Weitergabe des Glaubens von einer Generation zur anderen, das problemlose Hineinwachsen einer neuen Generation in die religiösen und kulturellen Vorstellungen der Älteren nicht mehr gegeben war. Deshalb betreute ich auch Gruppen der katholischen studierenden Jugend (KSJ) in St. Bonifaz und bot für interessierte junge Menschen Einkehrwochenenden in Andechs an. Zunächst hielt ich es einfach für selbstverständlich, dass für jede Gruppe die Sonntagsmesse unverzichtbar sei. Ein Schlüsselerlebnis war für mich ein Wochenende mit Berufsschülern in Andechs. Wir hatten gute Gespräche, aber ich merkte, dass sie von einem Verständnis der Eucharistie meilenweit entfernt waren. So entschloss ich mich, mit ihnen einen Gottesdienst zu halten, in dem wir ihre Ängste und Wünsche formulierten und in ein Gespräch mit Gott einfließen ließen. Ich spürte, dass da alle wirklich dabei sein konnten. Auch wenn ich bei den mehrtägigen Pfingstlagern der KSJ dabei war, spürte ich das Dilemma zwischen meinem Bedürfnis, täglich die Messe zu feiern, und der geringen Bereitschaft der über hundert Teilnehmer mitzufeiern. Ich hielt dann gewöhnlich einmal einen großen Gottesdienst für die ganze Gemeinschaft. An anderen Tagen aber zog ich mich in der Frühe an einen stillen Platz zurück, um die Messe zu feiern. Ich sagte, dass mir das wichtig sei und wenn jemand teilnehmen wolle, er gerne dazu eingeladen sei. Auch wenn dann nur zwei oder fünf daran teilnahmen, so war es doch für sie und für mich ein ganz besonderes Erlebnis. Wichtig war es ja, in diesen Umbruchszeiten der siebziger Jahre den Kontakt mit den jungen Menschen zu halten. Wenn diese sich nach zwei oder drei Jahrzehnten wieder einmal treffen und mich dazu einladen, bin ich sehr darüber erfreut, wie dankbar sich viele an die Zeit in St. Bonifaz erinnern – auch wenn ich damals meine seelsorglichen Bemühungen als vergeblich ansah.

DU HAST MICH IM
FERNSEHEN GESEHEN

Zu den schönsten Erinnerungen gehören für
mich die Firmungen mit Behinderten. Verschiedene
Förderschulen und Behinderteneinrichtungen laden
mich jedes Jahr zur Firmspendung ein. Da ist trotz
allem Konzentrationsmangel und trotz aller Störun-
gen doch eine ganz große Dankbarkeit zu spüren und
ein aufmerksames Engagement der Eltern und der
Erzieher. Aus dem Jahr 1980 ist mir die Begegnung
mit einem Firmling in Erinnerung. Bei jeder Kon-
taktaufnahme am Anfang, bei der Firmspendung,
beim Friedensgruß strahlte er mich an und sagte zu
mir: «Du hast mich neulich im Fernsehen gesehen.»
Er erinnerte sich an eine Sendung zum damaligen
Benediktusjahr, in der ich ein Interview gab. Er
fühlte sich da von mir angeschaut und war von diesem Kontakt berührt. Und das ist ja wohl das Ent-
scheidende, dass ein Mensch Zuwendung spürt und
Zuwendung erwidert. Im «Jahr der Behinderten»
nahm ich an einer Tagung teil, die überschrieben
war: «Reduziertes Leben». Es ist ja erschreckend, wie
vieles den Behinderten versagt ist. Oft ist es gerade
das, was wir als das den Menschen Auszeichnende
betrachten, das Sich-Aufrichten oder das Sprechen.

Und da ist nun ein Mensch, der nur liegen oder nur lallen kann. Mir ging damals auf, dass Reduktion in der Kunst auch höchste Vollendung bedeuten kann, die Reduktion auf das Wesentliche, das in einigen Strichen ausgedrückt wird. Und ebendies ist die Zuwendung, die auch der Behinderte erfahren und erwidern kann. In meiner Kaplanszeit hatte sich Monsignore *Klees* ein wenig um uns junge Priester gekümmert. In einem Gespräch meinte er: «Die beste theologische Hochschule ist die Hilfsschule. Da muss der Unterrichtende ganz einfach und schlicht werden, sich auf das Wesen der Botschaft konzentrieren.» Dies wäre ja die eigentliche Kunst des geistlichen Lebens und pastoralen Wirkens: immer einfacher zu werden, so wie Jesus die Botschaft vom Gottesreich in Bildern und Gleichnissen weitergab, wie er selber das Geheimnis Gottes in seinem Leben und Sterben uns nahebrachte: Ich bin da, ich bin für euch da. Ich bin da als Freund, als euer Diener. Dies ist mir bewusst geworden beim Besuch eines alten und kränklichen Ehepaars. Es hatte im Rahmen der üblichen Haussanierungen seine Wohnung verlassen müssen und war nun in einem Hinterhof in einer recht düsteren Wohnung untergebracht. Da sagte die Frau: «Jetzt, da der Herr Abt da gewesen ist, können wir es da auch aushalten.» Gegenüber der Entäußerung des Gottessohnes, gegenüber der Solidarität mit den Ärmsten, wie sie *Franziskus* oder *Mutter Teresa* gelebt haben, sind all das ganz schwache Zeichen. Gegenüber den Obdachlosen, die Speise, Kleidung und medizinische Hilfe erhalten, ist das, was wir tun, wenig. Aber auch schon ein freundlicher Gruß kann die Distanz überwinden, kann Gemeinschaft schaffen. Ein Beispiel solcher Integration war mir ein Obdachloser, der mit anderen Schicksalsgefährten in den Nischen unter unserem Zentrum übernachtete. Er kam eines Abends an unsere Pforte und berichtete, ein anderer Obdachloser habe eine alte Bekannte aus dem Osten getroffen und sie mitgenommen, um sie auch in einer solchen Nische übernachten zu lassen. Und er sagte: «Das geht doch nicht, wir sind doch ein Kloster.»

LEIDEN SIE AN DER KIRCHE?

Der große Fundamentaltheologe und Ökumeniker *Heinrich Fries* erzählte mir einmal, dass Kardinal *Döpfner* ihn manchmal mit der ihm eigenen wohlwollenden Anteilnahme gefragt habe: «Leiden Sie an der Kirche?» Es gibt nicht nur das uns allen auferlegte Leiden mit der Kirche, sondern sicher immer wieder auch ein Leiden an der Kirche, wenn sie unserem Idealbild, aber auch wohl der Weisung des Evangeliums nicht zu entsprechen scheint. Ich selber bin in einem ungebrochenen Vertrauen in die katholische Kirche aufgewachsen. Sie war selbstverständliche Heimat. Einmal aber wurde sie dem Elfjährigen doch etwas unheimlich. Ein sehr braver, vielleicht etwas schüchterner Klassenkamerad erzählte mir vertraulich, um meine Verwurzelung in der Kirche wissend, dass er ein uneheliches Kind sei und von einem katholischen Pfarrer abstamme. Seine Mutter aber habe dies der Kirche zuliebe immer verschwiegen. Und er äußerte seinen Stolz auf seine Mutter, die das für die Kirche auf sich genommen habe. Auf seine Frage stimmte ich seiner Bewunderung der Mutter etwas zögernd zu, hatte aber doch ein unbehagliches Gefühl, was da von der Kirche der Mutter und dem Kind zugemutet wurde. Etwas später war es auch eine kaum zu glaubende Nachricht, dass ein von mir geschätzter würdiger Pfarrer ein paar Kinder habe oder dass ein anderer Pfarrer des Orts die mit ihm verwandte Haushälterin der Jungfräulichkeit beraubt habe. Meine Beheimatung in der Kirche hat dies alles nicht getrübt.

Verwundert war ich, was Pastor *Niemöller* nach dem KZ-Aufenthalt in Dachau, den er ja mit verschiedenen katholischen Geistlichen wie dem späteren Weihbischof *Neuhäusler* und dem Mettener Abt *Corbinian* teilte, bekannte. Es sei ihm ein Übertritt zu der konsequenter scheinenden katholischen Kirche in den Sinn gekommen. Aber dann habe er diesen Gedanken doch verworfen, weil sie ihm zu wenig bußfertig sei. Das schien mir nicht recht begreiflich, da ich die katholische Kirche gerade als Hüterin des Bußsakramentes verstand. Später freilich leuchtete mir auf, dass die Vertreter der Kirche doch oft zu sehr auf den eigenen Glanz und die eigene Ehre bedacht waren und die dunklen Flecken der Kirchengeschichte gerne beschönigten. Als Papst *Johannes Paul II.* ausdrücklich sich auch zur Schuld der Kirche bekannte, war das nicht allen willkommen und verständlich. Die Benediktusregel mahnt den Mönch, «seine früheren Sünden unter Tränen und Seufzen täglich im Gebet Gott zu bekennen». Das gilt auch für die Gemeinschaft der Kirche.

Dann aber wandelt sich das Leiden an der Kirche doch wieder zu einem Leiden mit der Kirche. Ich spüre ja, wie sehr ich selber der Umkehr bedarf, mit einbezogen bin auch in die Sünde der Gemeinschaft. Nur aus solcher Umkehrbereitschaft erwächst unerschütterliche Hoffnung, wie sie das Zweite Vatikanische Konzil und dann die Synode der Deutschen Bistümer artikuliert hat. Mit einem all seine Kräfte verzehrenden Einsatz hat auf dieser Synode *Julius Kardinal Döpfner* einen gemeinsamen Weg der deutschen Kirche ermöglicht. Im Synodenpapier «Unsere Hoffnung» (1975) werden die Wege für das Volk Gottes als Träger der Hoffnung beschrieben: Weg in den Gehorsam des Kreuzes, Weg in die Armut (als solidarisches Verhältnis zu den Armen), Weg in die Freiheit (als Abenteuer der Freiheit der Kinder Gottes) und Weg in die Freude. Wir leiden darunter, dass die Kirche, dass wir so oft das Kreuz meiden, dass wir oft mehr zu den Reichen und Mächtigen halten, dass das freie Wort in der Kirche und die Mitsprache des ganzen Gottesvolkes so wenig geachtet und dass darum so wenig Freude zu spüren ist.

UND ABT ODILO SCHAUT ZU

Sehr im Gedächtnis ist mir ein Wort geblieben, das bei einem Treffen von geistlichen Leitern der charismatischen Erneuerung und der Pfingstbewegung in St. Bonifaz beim Gespräch über die weiteren Entwicklungen von einem Teilnehmer zu mir hin gesagt wurde: «Und Abt Odilo schaut wohlwollend zu.» Andere Teilnehmer suchten auch auf meine Verdienste und Einsätze hinzuweisen, aber in meinem Inneren blieb dieser leise und freundliche Vorwurf doch als eine Mahnung hängen.

In den siebziger Jahren wurde ich auf die charismatischen Bewegungen aufmerksam gemacht, die am Anfang des 20. Jahrhunderts zur Gründung von Pfingstkirchen geführt hatten und die in der Mitte des Jahrhunderts in Amerika auch die großen Kirchen, vor allem auch katholische Gemeinden, erfasst hatten. Pastor *Harold Schmidt* kam damals nach München, um nicht nur für seine Gemeinde der «Assembly of God» (Versammlung Gottes) zu wirken, sondern dem Wirken des Geistes bei allen Christen Türen zu öffnen. So regte er auch in St. Bonifaz in der Werkstagskirche und dann in der Krypta ökumenische Gottesdienste an, in denen Begeisterung, das Berührtwerden vom Geist Gottes spürbar wurde. Die Ansprachen hielten evangelische und katholische Mitglieder und natürlich öfters Gäste aus den USA. Das gemeinsame Singen ergriff die Herzen. Heilungsgebete und Beten und Singen in Zungen erregten Aufmerksamkeit. Auch Katholiken, die von den traditionellen Gottesdiensten wenig berührt waren, entdeckten neue Freude am Glauben. So wurde das Interesse für die katholische charismatische Erneuerung geweckt, vor allem durch Seminare, die der Paderborner Theologe *Heribert Mühlen* des Öfteren in Freising hielt. Auch als später die Nachfolger von Harold Schmidt eine eigene Gemeinde der «Assembly of God» in Thalkirchen aufbauten, blieben doch Kontakte erhalten. Wie in manchen katholischen Gemeinden traf man sich auch in St. Bonifaz zu Glaubensseminaren, zu Gebetsgruppen und bis heute zu einer charismatischen Messe einmal im Monat. Auch mich hat der Lobpreis solcher Versammlungen begeistert. Auch ich habe das Wirken des Gottesgeistes im Menschen neu entdeckt. Zugleich wurde mir aber auch der Wert der traditionelleren, geordneten Liturgie bewusst, weil ich nicht immer in Jubelstimmung war. So bin ich nicht ganz in die charismatische Erneuerung eingestiegen. Als Abt muss ich ja für alle Menschen da sein, auch für die, die sich nicht so leicht emotional begeistern lassen und doch treu ihren Dienst tun.

Ja, manchmal neige ich dazu, wohlwollend zuzuschauen und mich nicht konsequent und vorbehaltlos für eine Sache einzusetzen. Aber ich finde es auch schön, das Gute an verschiedenen Orten, in verschiedenen Gruppierungen zu sehen und mich nicht auf eine Richtung festlegen zu müssen, wenn nur die Grundausrichtung des Lebens auf den einen Gott ungeschmälert bleibt.

DEIN ANTLITZ LEUCHTET FRIEDEN

Unvergesslich ist mir der Gang durch die riesigen Gedenkstätten in Wolgograd, dem früheren Stalingrad. Eine Münchner Pax-Christi-Gruppe war im Mai 1984 zu einer ersten katholischen Pilgerreise in die Sowjetunion aufgebrochen, um Vergebung und Versöhnung zu erbitten für all das, was die Völker der Sowjetunion von den Deutschen erleiden mussten. Vor dem zentralen Gedenkraum war eine überlebensgroße Plastik zu sehen, eine Mutter, die den toten Sohn trägt – ein Bild, das unwillkürlich an unsere Pieta-Darstellungen erinnerte. An solchen Gedenkstätten, vor Moskau, in Kiew und natürlich auch im Kloster Sagorsk, sammelten wir uns, um ein Gebet zu sprechen. Weil so etwas in der Öffentlichkeit verboten war, entfernte sich die staatliche Führerin von unserer Gruppe. Doch ansonsten waren wir von den orthodoxen Kirchenführern und ihren vom kommunistischen Staat beigegebenen Sekretären und noch mehr von vielen einfachen Menschen, die zum Teil im Krieg Furchtbares erlebt hatten, freundlich und verständnisvoll aufgenommen worden. Unsere Bitte um Versöhnung stieß auf Erstaunen, aber auch auf eine große Sehnsucht nach Frieden. Zwei

Jahre zuvor hatte ich bei einem Pax-Christi-Gottesdienst in unserer Basilika eine solche Wallfahrt als kleines Zeichen unserer Bitte um Vergebung und unserer Hoffnung auf Versöhnung angeregt.

Als ich 1945 mit vierzehn Jahren das Kriegsende erlebte, war allgemeine Überzeugung, dass es nie wieder Krieg geben dürfte. Ein «Friedensbund deutscher Katholiken» und dann viele Gruppen von Pax Christi verliehen dem Ausdruck. Freilich erfuhr ich auch bald, wie rasch sich die Meinungen der Menschen und auch der kirchlichen Oberen ändern, als angesichts des Ost-West-Konflikts die Wiederbewaffnung Deutschlands als politische Notwendigkeit erschien. Fasziniert war ich von der charismatischen Persönlichkeit des Kapuziners *Manfred Hörhammer,* der so viel für die Aussöhnung mit Frankreich und für eine Stärkung des Friedensgedankens getan hat. Kardinal *Döpfner* war dann in den sechziger Jahren ein tatkräftiger geistlicher Leiter der deutschen Pax-Christi-Bewegung. So durfte ich auch in manchen Gesprächen seine Einsatzbereitschaft für Pax Christi erfahren, gerade in einer Zeit, da sich diese Bewegung von einer mehr auf das Gebet ausgerichteten Gemeinschaft hin zu einer politisch engagierten und sich für den Gedanken der Gewaltlosigkeit einsetzenden Gruppe wandelte. Die Märtyrer für den Frieden und gegen einen Unrechtskrieg sind etwa durch die Seligsprechung *Franz Jägerstätters* 2004 zwar sehr spät, aber doch eindrucksvoll rehabilitiert worden.

Ein Gedicht *Reinhold Schneiders*, eine Ode an Sankt Benedikt, die ich 1947 am Mettener Gymnasium vortragen durfte, hat sich mir tief eingeprägt. «Den Frieden zu gewinnen, / verließest du die Welt,/ so hast du ewige Zinnen, / tief in die Flut gestellt … Dein Antlitz leuchtet Frieden / dir ist der Tag bestellt / lass von der Welt geschieden / uns Friede sein der Welt». Unaufdringlich und doch prägend ist so die Gestalt des heiligen *Benedikt* als eines Friedensbringers vor mein Auge getreten. *Pax* – Friede steht oft über dem Eingang zu einem Kloster. Es braucht die Distanz zur Aufgeregtheit, zu den Konfliktpotenzialen, zur Fremdbestimmung der Welt. Das Kloster will helfen, auch dem, der nur für eine Zeit darin weilt, sich selber zu finden, sich zu lösen von allem falschen Anspruchsdenken und von den Rivalitäten der Gesellschaft. Auch das Kloster freilich ist Welt, besteht aus Menschen mit ihren Eigenheiten und ihrer Versuchbarkeit. Darum ordnet das 13. Kapitel der Benediktsregel an, dass am Morgen und am Abend das Gebet des Herrn laut gesprochen wird. Denn immer wieder «gibt es Ärgernisse, die wie Dornen verletzen». Wenn die Brüder beten und versprechen «vergib uns, wie auch wir vergeben, sind sie durch dieses Wort gebunden und reinigen sich von solchen Fehlern». Im 4. Kapitel heißt es bei den Werkzeugen der geistlichen Kunst am Ende: «In der Liebe Christi für die Feinde beten. Nach einem Streit noch vor Sonnenuntergang zum Frieden zurückkehren». Und so soll das Kloster eine Werkstatt des Friedens sein, das uns dazu verpflichtet, uns immer wieder für Versöhnung und Frieden einzusetzen.

DES HIMMLISCHEN MAHLES
TEILHAFTIG

« *Des* himmlischen Mahles teilhaftig mache uns der König der ewigen Herrlichkeit.» Dieser Abschluss-Segen des Gebets vor dem klösterlichen Mittagsmahl hat mich einmal besonders berührt. Während wir uns an unsere Tische setzten, sank ein alter Mitbruder plötzlich zu Boden. Er war sein Leben lang ängstlich und zaghaft gewesen, aber in den letzten Jahren der Alterskrankheit immer freier geworden. Er hatte eben noch am gemeinsamen Chorgebet und jetzt am Tischgebet teilgenommen. Ein Arzt, der bei uns als Gast im Hause weilte, eilte hinzu, musste aber den eingetretenen Tod feststellen. Das klösterliche Mahl soll ja, wie der zitierte Segensspruch verdeutlicht, ein Zeichen für das himmlische Mahl sein. Nun hatte er sich an diesem Mitbruder unmittelbar erfüllt. Wir alle standen erstarrt und warteten still und im gemeinsamen Gebet, bis offiziell der Tod festgestellt und unser Mitbruder aus dem Refektorium getragen werden konnte. Ein erschütterndes Ereignis, aber auch ein Erinnerungszeichen für uns alle. Wir gehen der Vollendung im himmlischen Mahl entgegen. Was immer wir im Kloster tun, es ist auf diese Vollendung hin gerichtet. Darum gibt die Benediktusregel auch die Weisung, «täglich den Tod vor Augen zu haben» und «das ewige Leben mit allem geistlichen Verlangen zu ersehnen».

Für die klösterliche Gemeinschaft ist das Sterben nicht etwas Fremdes, wie für viele Menschen heute. Auch im Kloster ist freilich jedes Sterben anders. Unser ältester Mitbruder starb 2007 im 99. Lebensjahr. Er hatte lange noch in der Verwaltung mitgearbeitet und am gemeinsamen Leben teilgenommen. Nur die letzten Wochen konnte er sein Zimmer nicht mehr verlassen. Nach dem Frühchor ging die ganze Gemeinschaft, die um sein nahes Ende wusste, noch einmal zu ihm. Wir durften noch für ihn und mit ihm beten, bis er sein Leben aushauchte. Ganz anders war es bei einem Mitbruder, der gerade letzte Urlaubstage hatte. Er war gerne mit der Trambahn an den Stadtrand oder nach Grünwald gefahren, um spazieren zu gehen. Des Öfteren war er freilich schon in der Trambahn eingeschlafen und dann bis zur Endhaltestelle gefahren. Damals wollte er wohl am Ostfriedhof umsteigen und hatte an einer Bank vor der Friedhofsmauer Platz genommen und war eingeschlafen. In der Nacht hat ihn der Tod ereilt. Er hatte keinen Ausweis dabei und so konnte nur über die Hausschlüssel seine Wohnstätte ermittelt werden. Am nächsten Tag wurde ich von der Polizei zum Ostfriedhof gebeten, um ihn als

Mitbruder zu identifizieren. Ein für uns aufregender und tragischer Tod – und doch auch symbolträchtig: wandernd, vor dem Friedhof rastend und dann wohl friedlich heimgerufen.

Sehr betroffen hat mich als jungen Abt, dass ich schon sehr bald nicht nur einige der vielen alten Mitbrüder, sondern auch den jüngsten, noch im Studium befindlichen beerdigen musste. Nie scheint mir ein Leben freilich so als Einheit erkennbar wie beim Abschied. Wenn wir in einem Nachruf etwas vom Leben eines Verstorbenen sagen, steht das, was er war, als Ganzes vor Augen, und da verdichtet sich das Leben zu einer Gestalt wie vorher und nachher nicht.

Gerade die verstorbenen Mitbrüder erinnern an den eigenen Tod. An ihrem Todestag wird ihrer namentlich gedacht. In unserer Krypta in St. Bonifaz stehen wir immer wieder vor ihren Grabplatten oder in Andechs bei der Friedenskapelle vor ihren Gräbern, lesen ihre Namen und wissen, dass sie noch zu uns gehören und wir zu ihnen, die uns nur vorausgegangen sind.

In unserer Krypta stehe ich auch vor den Grabkammern, die noch leer sind. Ich weiß: Eine davon wird meine sterblichen Überreste aufnehmen.

DICHTER UND
SCHRANKENWÄRTER

Unter den vielen Berufswünschen, die ich mir als Bub ausheckte, also neben Trambahnschaffner und Lehrer, neben Eisverkäufer und Polizist, war auch der des Dichters, wohl angeregt durch einen Film der späteren 1930er Jahre über *Friedrich Schiller* und den Jubel bei der Erstaufführung der «Räuber». Freilich war ich, beeinflusst wohl durch den Beruf des Vaters, eines Beamten der seriösen und soliden Bayerischen Staatsbank, doch genügend skeptisch, ob ich damit mich und eine Familie ernähren könnte. So dachte ich mir als Zusatzberuf den eines Schrankenwärters der Reichsbahn aus: An einer etwas abgelegenen Bahnstrecke sollte mein Bahnwärterhäuschen stehen; die Frau könnte Garten und Kinder versorgen; ich würde den Wecker stellen, der mich an das Kommen eines Zuges erinnern sollte, und dazwischen könnte ich in Ruhe dichten.

So habe ich für die Schule auch ganz gerne Hausaufsätze geschrieben, die freilich manchem Lehrer dann zu lang erschienen. Meist wurde ich erst kurz vor der Abgabe fertig – wie es mir heute noch oft bei der Predigt geht. Zeitweise schien es mir durchaus verlockend, Deutsch zu unterrichten, für eine Zeitung zu schreiben oder auch irgendwie beim Theater mitzuwirken – an der guten Darstellung des Lebens. So ging ich gerne ins Theater und habe auch einige Vorlesungen über Theaterwissenschaft besucht. Als *Carl Zuckmayers* «Des Teufels General» in München viele Zuschauer begeisterte, konnte ich ihn auch selber in einer Matinee in den Kammerspielen über das Theater sprechen hören. Dabei rief er emphatisch aus: Wir vom Theater sind wie Mönche, ganz einer Sache hingegeben. Das bestärkte mich, das mir schon länger vor die Seele getretene Ideal klösterlichen Lebens (auch durch *Hermann Hesses* «Narziss und Goldmund» und «Glasperlenspiel» nahegebracht) 1952 durch den Eintritt in das Kloster St. Bonifaz anzustreben. Das Seelsorgekloster in der Stadt schien mir besonders geeignet, dem Wort zu dienen, durch das Hören des Wortes und durch die Verkündigung des Wortes. Dem Wort darf ich im Kloster täglich begegnen – darum beginnt die Regel Benedikts mit dem Wort «Höre, neige das Ohr deines Herzens.» Im Beten, im Singen der Psalmen darf ich hören und sprechen, was Gott selbst in menschlicher, dichterischer Sprache durch die Jahrhunderte hindurch uns nahelegt. Im Religionsunterricht, im Seelsorgegespräch und natürlich vor allem in der Predigt darf ich selber immer wieder neu versuchen, das ins Wort zu bringen, was den Menschen heute von

Gott für immer zugesagt ist. Darum ist das Mühen um die Sprache eine wichtige Voraussetzung jeder Seelsorge. Es gilt, was *Günter Eich* bei der Verleihung des Büchnerpreises 1959 sagte: «Von Gott kann man nicht sprechen, wenn man nicht weiß, was Sprache ist. Tut man es dennoch, so zerstört man seinen Namen und erniedrigt ihn zur Propagandaformel.» So freut es mich immer wieder, sprachlich gestalten zu dürfen, was ich als Wahrheit und Schönheit des Lebens wenigstens bruchstückhaft erkenne – in Vorträgen und Predigten oder auch für einen weiteren Kreis durch das gedruckte Wort. Seitdem ich nach 39 Abtjahren die Verantwortung für das klösterliche Gemeinwesen abgeben durfte, bleibt für den Dienst am Wort mehr Muße und Raum. Insofern meine ich fast, dass der kindliche Berufswunsch in Erfüllung gegangen ist: ein fester Rahmen, der die Existenz sichert, der feste Rhythmus des gemeinsamen Lebens, der Gebets- und Essenszeiten, also die Grundlage der Existenz wie beim Schrankenwärter, und dazwischen der freie Raum, dem Wort nachzusinnen und ihm immer neue sprachliche Gestalt zu geben.

AMEN

Unzählige Male spreche ich das Amen am Ende eines Gebetes oder höre es als Antwort der Gemeinde, als Bestätigung meiner Gebetsworte. Einmal freilich hat mich ein Amen sehr schmerzlich getroffen. Ich war ein paar Monate nach der Niederlegung des äbtlichen Amtes zu einem Einkehrtag mit jungen Menschen gefahren. Bei der Annahme dieser Einladung stand auch die Überlegung im Hintergrund, ob sich da vielleicht eine neue Tätigkeit auftue, weil oft ein resignierter Abt eine Zeit lang an einem anderen Ort wirkt, um den Entwicklungen im eigenen Kloster nicht im Wege zu stehen. Bald musste ich freilich merken, dass die Zuhörer von meinen Ausführungen wenig angetan waren. Unter anderem hatte ich ein Gedicht von *Silja Walter* zur Meditation vorgelegt, das mir sehr lieb geworden war. Ich bat um Nennung von Worten oder Sätzen, die wichtig schienen oder betroffen machten. Das ist oft sehr anregend, wenn ein Text neu akzentuiert wird, weil Einzelne mit dem Klang ihrer eigenen Stimme etwas ihnen wichtiges herausgreifen. Hier aber blieb die Zuhörerschaft stumm – nur einer sagte, dass für ihn nur ein Wort wirklich gut sei, das Wort «Amen». Das war eine deutliche Bekundung, endlich Schluss zu machen. Es wurde mir deutlich: Da bin ich absolut nicht angekommen und es wäre sinnlos, hier einen neuen Anfang zu versuchen. Es war für mich auch ein klares Zeichen, dass ich in meiner klösterlichen Gemeinschaft bleiben solle, um mich weiter den vielen Aufgaben von St. Bonifaz zu stellen.

So ist es manchmal im Leben gegangen. Unter manches Vorhaben wurde ein Amen, ein Schlusspunkt gesetzt. Ein schmerzlicher Augenblick, wenn etwa die ersten Baupläne für die endgültige Gestaltung von Basilika und Zentrum St. Bonifaz, für die ich mit anderen schon kräftig geworben und gesammelt hatte, ein Nein durch die Behörden erfuhren. Oder wenn die Arbeit mit Jugendgruppen, die durch viele Jahre mir viel Freude gemacht hatte, zu Ende ging, weil Mädchen und Buben aufgrund der schulischen Verpflichtungen und der vielen anderen Angebote nicht mehr in genügender Zahl zu gewinnen waren.

Da war es freilich notwendig, den wahren Sinn des Wortes «Amen» zu erfassen und auszusprechen: Ja zu sagen zum Willen Gottes. Für den österreichisch-amerikanischen Benediktiner *David Steindl-Rast* ist das Amen das Gebet schlechthin, die Zusammenfassung des Glaubens. In seinem Buch «Credo» schreibt er: «Amen zu sagen heißt sich auf Gottes Verlässlichkeit zu verlassen … Glauben heißt: unser

Herz vertrauensvoll auf Gott zu setzen und dementsprechend zu leben». So ist das Amen das Grundgebet von allen christlichen Kirchen, aber auch von Juden und Muslimen. Aber das *Amen* sei auch eng verwandt mit dem *AUM* oder *OM,* der heiligen Silbe östlicher Traditionen.

So gilt es, immer wieder ein Amen zu sagen: zu Gott und zu dem Weg, den er führt. Wir leben in der Hoffnung, dass das ganze Leben in ein solches Amen mündet, in unser Ja zu Gottes Ja zu uns.

INHALT

Umschlagmotiv:

© Verlag Herder GmbH, Freiburg im Breisgau /

Stefan Weigand

Fotografien im Innenteil: S. 8 und S. 92: © Verlag Herder GmbH,

Freiburg im Breisgau / Stefan Weigand

Alle anderen: Privatarchiv Odilo Lechner

Alle Rechte vorbehalten

Gesamtgestaltung:

Weiß-Freiburg GmbH – Graphik & Buchgestaltung

Herstellung:

fgb · freiburger graphische betriebe

www.fgb.de

Gedruckt auf umweltfreundlichem,

chlorfrei gebleichtem Papier

Printed in Germany

ISBN 978-3-451-32390-4